我的夢想清單 08

追夢到肯亞

傑瑞大叔 美學攝影
鏡頭漫遊 逐光狩影

傑瑞大叔、Momo 姐、李敦錦、廖美珍、Lienqi H、Neo Yeh、Shan、蘇蘇／合著

序一 解鎖你的肯亞夢想清單

肯亞，位於非洲東部，擁有豐富的自然資源和多樣的文化遺產。這個國家以壯觀的野生動物保護區、廣闊的草原和壯麗的山脈聞名。肯亞的首都奈洛比是東非的經濟和文化中心，吸引無數世界各地的遊客來訪。

肯亞的動物大遷徙是世界上最壯觀的自然奇觀之一。每年約有超過上百萬頭牛羚、數十萬頭斑馬、瞪羚，從坦尚尼亞的塞倫蓋提國家公園遷徙到肯亞的馬賽馬拉國家保護區。這些動物為了尋找豐富的水源和肥沃的草地，進行長達兩千五百公里的遷徙。動物大遷徙的最佳觀賞時間是每年的七月至十月，這段時間正值旱季，動物們會聚集在馬拉河附近，形成壯觀的過河場面，同時也是捕食者如獅子、花豹和鱷魚最活躍的時期，因為牠們會在河邊等待機會，以捕捉過河的動物。這場遷徙不僅是動物們的生存之旅，也是生態系統中重要的一環。在在展示了自然界的壯觀及殘酷，吸引來自世界各地的遊客和攝影師前來觀賞並記錄這一壯觀的景象。

肯亞的動物大遷徙更是攝影愛好者的天堂。每年數百萬隻動物在壯麗的自然景觀中遷徙，為攝影師提供了無數的拍攝機會。無論是牛羚和斑馬過河的驚險瞬間，還是捕食者與獵物之間的生死搏鬥，這些場景都充滿了動感和戲劇性。傑瑞大叔的美學攝影團，以其獨特的視角和高標準的安排，成為攝影愛好者拍攝肯亞動物大遷徙的首選之一。他們的行程設計注重深度和品質，確保每位參與者都能捕捉到最精彩的瞬間。這些精心安排的行程不僅讓團員們能夠拍攝到壯觀的動物大遷徙場景，還能學習專業的攝影技巧，並體驗到肯亞壯麗的自然景觀和豐富的野生動物。

歡迎您成為到肯亞追夢的一員！

元本旅遊創辦人／總經理

目次
CONTENTS

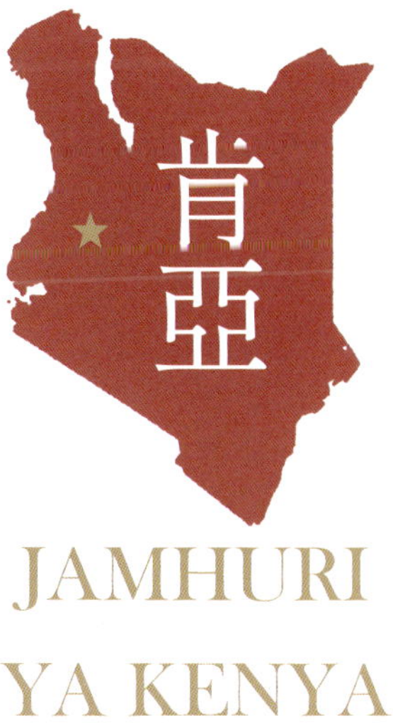
肯亞
JAMHURI
YA KENYA

肯亞
野性與活力之地

YA KENYA

肯亞共和國，通稱「肯亞」，位於東非，瀕臨印度洋，與索馬利亞、衣索比亞、南蘇丹、烏干達、坦尚尼亞接壤。肯亞一共有四十二個民族，分成班圖、尼羅和庫希特三大語系，官方語言是英語和史瓦希利語。全國分為四十七個縣市，首都為奈洛比。

肯亞曾是英國殖民地，一九六三年十二月十二日從英國獨立。東非大裂谷將肯亞分為兩半，恰好與橫貫全國的赤道相交叉，肯亞因此獲得了「東非十字架」的稱號。肯亞

國　　名｜肯亞共和國
Jamhuri ya Kenya（史瓦希利語）
Republic of Kenya（英語）
官方語言｜英語、史瓦希利語
首　　都｜奈洛比
土地面積｜581,309 平方公里
人　　口｜52,428,000（2024 年統計資料）

JAMHURI

是撒哈拉以南非洲經濟基礎較好的國家之一，農業、服務業和工業是國民經濟三大支柱，受基礎設施投資及私人消費增長的影響，肯亞二〇一五年國內生產總值為六百一十四．一億美元，經濟增長率達百分之五．六。

肯亞是聯合國、非洲聯盟、不結盟運動、七十七國集團和東非共同體成員國。聯合國人居署及聯合國環境署（又名聯合國環境規劃署）總部設置在肯亞首都奈洛比。

動物小百科

Check

牛羚 Wildebeest

牛羚的體型獨特，頭部粗壯、肩部寬闊，與水牛頗為相似；而後身則顯得纖細，更接近馬的形態。牛羚的整體顏色從藍灰色到深褐色不等，臉部、尾巴、鬍鬚和斑紋則呈現黑色，而這些顏色會因亞種、性別和季節的不同而有所變化。

火烈鳥 Flamingo

又名紅鸛、火鶴、紅鶴，以其修長的脖子聞名，其頸部經常彎曲成優雅的S形。牠們全身覆蓋著潔白而帶有粉紅光澤的羽毛。然而，這種鮮豔的紅色並非火烈鳥天然的羽彩，而是源於牠們所食用的浮游生物中含有的甲殼素。非洲的火烈鳥群是目前地球上規模最龐大的鳥類群體。

棕鬣狗 Brown Hyena

又稱褐鬣狗、灘狼、棕土狼，是南部非洲沙漠地帶獨有的鬣狗物種。牠們外觀近似犬類，站立時肩部明顯高於臀部，前身較後身粗壯，頭骨強健，頭部碩大而吻部短促，耳朵寬大且呈圓形。棕鬣狗對乾旱環境的適應能力極強，食性廣泛，以腐肉為主，同時也捕食各種陸生和水生的小型動物，並攝取瓜果等植物性食物。

燕尾佛法僧 Lilac-breasted Roller

中國翻譯為「紫胸佛法僧」，是肯亞的非正式國鳥，其棲息地橫跨非洲撒哈拉以南，從索馬利亞一路延伸至南非。最顯著的特徵是尾部那兩條長而分叉的黑色飄帶，以及身上那絢麗多彩的羽毛。目前已知有兩個亞種，主要的區別在於胸前的羽毛顏色，分別呈現藍色或紫色。

〔非洲五霸〕草原之王——獅子 Lion

獅子威風凜凜的鬃毛隨風飄揚，領導著自己的獅群，統治遼闊的領地。雄獅的咆哮聲可傳至八公里之外，宣告牠的霸氣與地位。

〔非洲五霸〕優雅的巨無霸——大象 Elephant

非洲象是陸地上最大的動物，牠們龐大的身軀卻擁有無比的溫柔與智慧，長長的象鼻是牠們的多功能工具，無論是摘取高處的樹葉，還是向同伴打招呼，都難不倒牠們。

〔非洲五霸〕不可阻擋的鋼鐵戰士——犀牛 Rhinoceros

身披厚重的「盔甲」，犀牛是大草原上的鋼鐵戰士，牠們身上的角不僅是牠們的防禦武器，更象徵著力量與勇氣。儘管外表威猛，但牠們的眼神裡卻透露著一絲平靜與溫和。

〔非洲五霸〕團結的力量——水牛 Buffalo

水牛以其強壯的身體和銳利的角聞名，牠們通常成群結隊，一起面對威脅，當水牛群齊心協力十，連獅子也不敢輕易挑戰牠們的鋼鐵陣線。

〔非洲五霸〕靈動的隱士——花豹 Leopard

花豹是非洲最神祕的獵手，牠們靜靜地隱藏在樹叢或岩石間，伺機而動。牠們的優雅與敏捷無人能及，帶著一絲神祕與魅惑，悄無聲息地出現在那不經意的瞬間。

肯亞，見證野性生命的旅程

傑瑞大叔／Momo姐

美學攝影達人，以影像與文字傳遞世界的美。
專職攝影教學，並親自設計行程並帶團旅遊！

FB

官方網站：
jerryimage.com

這不僅只是一趟動物圖鑑搜集之旅，
更是看見生命價值的心靈之旅。

東非動物大遷徙不僅只是一趟動物圖鑑搜集之旅，更是看見生命價值的心靈之旅，這也是動物大遷徙與其他旅行，很不一樣的地方。

旅行的印象……

我們都喜歡用攝影留下影像，因影像是人類感官之中，較容易留存下來的。

震撼畫面的牛羚過河、獅子獵殺場面、夕陽下的斑馬，又或是草原上下著滂沱大雨的難得景象，都是動物大遷徙中獨一無二珍貴的畫面！

牛羚過河的畫面相當震撼人心！（傑瑞大叔攝影作品）

獅子和獵豹正在大快朵頤。

草叢中的黑白條紋。

（傑瑞大叔攝影作品）

而在「聽覺」上的印象，夜裡傳來河馬的吼叫聲、白天由遠而近的牛羚奔跑的震動聲、清晨熱氣球升空的轟鳴聲，這些都是獨一無二的回憶感動。

動物大遷徙旅行，任何年齡都值得來一趟！不同年紀會有不同的感受與體悟，不要執著於看到多少動物，而是體驗大自然循環過程。動物間的食物鏈、親子間的關係，這些親眼所見，都讓人印象深刻！世界上很少有在這麼短的時間內能有這種視覺衝擊體驗，這種

牛羚奔跑所發出的聲音十分響亮！（傑瑞大叔攝影作品）

黃沙滾滾中的生存競逐

震撼是難以用影像與文字完美形容的。

肯亞動物大遷徙對許多人而言，第一個擔心的點是天氣太熱，但其實在動物大遷徙期間，由於肯亞的高原地形，所以氣溫每日氣溫多在攝氏十至二十六度之間，甚至日夜溫差大到每晚都期待著服務人員送上暖暖的熱水袋來溫暖被窩呢！若不是親身體驗，我想很多人都難以相信吧！

今年（二〇二四年）一進入到馬賽馬拉國家保護區，便感覺與以往不同，隨即就看到了大批牛羚隊伍、獵豹家族集體獵殺的畫面，馬賽馬拉的動物大遷徙年復一年不斷地變化中，地球極端氣候的影響，就像今年在馬賽馬拉的六天，卻感覺像一個月的動物大遷徙時間被壓縮在這幾天之中，每天都能看到龐大的牛羚群，不論從熱氣球上往下看，或者是在草原、在河邊，都能不斷看到一群群穿梭往來的牛羚群，以一個想拍攝到動物大遷徙畫面的攝影人來說，是個非常棒的條件！所以現在規劃動物大遷徙已經不能用傳統的時間點看待，必須更精準地以每年的實際經驗值來推估，才能把行程安排得讓人盡興。

在這多年拍攝非洲肯亞動物大遷徙的經驗中，最令我印象深刻、也最喜愛的作品，便是二〇二四年所拍攝到黃沙滾滾漫天、牛羚過河的攝影作品，在有煙塵與斜射光的一日早晨，我帶著團員於馬拉河最佳拍攝角度守候，當成千上百隻的牛羚從渡河點奔馳而下，煙塵黃沙漫天、後方斜射光溫暖灑落，震撼的牛羚過河場面呈現眼前！要成就這驚人的畫面，是如此難能可貴，需有多少大自然的現象在同一時刻展露啊！

拍攝牛羚最有趣的地方，就在於每次都會有不同的牛羚過河畫面。要呈現黃沙滾滾漫天的景象，除了需要有足夠多的牛羚數量外，首要條件是土質必須鬆軟、乾燥，前一天沒有下雨，也需要在瞬間有非常多的牛羚，牠們必須推擠、性情急躁——為了生命掙扎而互相推搡，甚至會奮不顧身地一跳，然後再灑上一些早晨的光線。馬拉河因較為陡峭，因此過河的精彩程度，會比坦尚尼亞牛羚過河來得精彩；另因陡峭加上河水深度的關係，馬拉河牛羚過河到中間時，會用游的方式，所以鱷魚也可能會等在一旁，伺機而動。

八月時，牛羚會在馬賽馬拉集體過河（近年來約在八月，每年因氣候變遷影響，日期可能前後微調），其他季節、月分，聚集的牛羚群數量不會如此龐大。即便之前以欣賞過多次牛羚過河，但每次的場景都還是讓人

（傑瑞大叔攝影作品）

（傑瑞大叔攝影作品）

煙塵斜射光下的牛羚過河，震撼人心的壯闊場面！

感到震撼萬分。

經驗就是價值！每一趟行程規劃，我都會針對每一個旅遊國家，將每次到訪的經驗與對當地的知識，集結彙整後，做最適恰、最好的安排，並與旅行社、當地第三方進行溝通，將每一次的旅程，都成為團員最有價值、終生難忘的旅程，是我們傑瑞大叔美學攝影的宗旨！

多年來在非洲肯亞的帶團拍攝經驗，使我清楚知曉，若想拍攝動物大遷徙的精彩畫面，該住在哪裡能最靠近哪些牛羚渡河口、每天該什麼時間點出發，以及搭配當地更多精彩美景的行程，行程充實卻不會讓團員太累，有足夠時間休息又兼具深度的旅程，也需要有舒適乾淨的住宿、美味的餐食等，有太多細微之處需要顧及。而為了能就近抵達馬拉河的渡河點旁，等待牛羚過河的精彩畫面，我特別安排團員們連續多天入住靠近馬拉河的優質住宿。由以上種種可見，「靠近馬拉河的住宿點」、「出發時間早」、「已有對地理環境的經驗知識，找到最好的角度」、「耐心等待」、「準備好所有的拍攝數據」等，均是得以最高機率賞拍到牛羚過河的重要元素，缺一不可。

母獅子正在和小獅子一同爭食。
（傑瑞大叔攝影作品）

肯亞的動物明星們

在大草原上在拍攝的主題中，我個人非常喜愛「親子」主題，曾拍攝過母獅子和小獅子一起爭食的畫面，因小動物和成年動物，從「眼神」便能看出兩者的不同之處，小動物天不怕地不怕，好像孩子般，而相對地，小動物更容易直視鏡頭；成年動物的眼神中，彷彿看見了牠經歷所有的一切般，如此深沉。在動物大遷徙期間能拍攝到小動物的機會，可能比拍攝到牛羚過河的機率低。小動物與成年動物在外觀上也不同，如小獵豹的身上有白色的鬃毛，有一說法是為了要保護自己不被斑點獵狗獵殺的演化過程，身上的白色鬃毛能讓自己偽裝成蜜獾，減少被獵食的機會。當然，親了畫面不限於動物大遷徙時刻，在其他的季節也能有機會拍攝觀賞到這彌足珍貴的同框景象。

我認為肯亞的動物明星中，除了馬賽馬拉大遷徙的動物外，另一位明星便為火烈鳥，也就是火鶴！火烈鳥是以數量震撼感官的動物，牠們又與馬賽馬拉的動物們有些不一樣，火烈鳥的行為與個性相對來說更純粹——在一平靜無波的湖岸，成千上百隻火烈鳥，時而被一架螺旋槳飛機從天際驚擾，使得火烈鳥們振翅而飛，這種情境十分詩意。猶記得我第一次在肯亞拍火烈鳥時，沒想太多，看到就拍，多次到訪後，才會在拍攝時思考，高一點拍會呈現怎麼樣的畫面？低一點拍又會如何？會不會有其他動物來獵殺牠們呢……？

如何透過視覺架構去欣賞牠們的美？在近岸的湖灣邊，那漂亮的逆光、水面的反光，即便那角度的火烈鳥數量較少，但多重層次呈現出的美、光影折射下的美，層層疊疊一路延伸，在攝影構圖上相當震撼人心。這些不是一次肯亞旅行能體會得到的，在情況許可下，非常推薦可將肯亞當作一個度假的地方，多次到訪，相信大家每一次都能有完全不同的感受！

動物親子畫面，尤其珍貴！（傑瑞大叔攝影作品）

除了大遷徙的動物之外，肯亞旅行的另一個明星就是「火烈鳥」。

（傑瑞大叔攝影作品）

湖面上倒映著點點日光和火烈鳥的身影，光影絕美。　（傑瑞大叔攝影作品）

帶熟悉的器材，不帶遺憾

在鏡頭的選擇上，拍攝動物大遷徙時，建議以「長焦段的變焦鏡頭」為主，如果攜帶兩臺相機，至少其中一臺也建議裝上變焦鏡頭。因為在肯亞的實際拍攝中，動物可能會突然接近，若鏡頭無法變焦，便很難即時構圖，當下只能用眼睛瞪著看，卻無法記錄畫面。

使用長焦段變焦鏡頭時，相對需要犧牲光圈。例如，在微光環境下，由於最大光圈不足，照片的細節清晰度會受到影響，無法像大光圈的定焦鏡那樣，讓更多光線進入鏡頭。

至於長焦段鏡頭的選擇，如果希望捕捉動物的神韻，並且不錯過任何精彩瞬間，我建議使用涵蓋 500mm 焦段的鏡頭。不過，這並不代表每個人都需要帶到 500mm，焦段的選擇取決於個人的拍攝風格。有些人偏好將動物帶入風景之中，同樣可以拍出精彩的作品！

在機身方面，最佳選擇是連拍速度快且具備高畫素的相機。即使 500mm 焦段仍然不夠，還可以透過增距鏡進一步拉進畫面，回來後再裁切放大，如此一來，成功拍攝出優秀作品的機率也會更高。

除了拍攝動物大遷徙建議使用「長焦段變焦鏡頭」外，也推薦攜帶「超廣角變焦鏡」。這類鏡頭適用於拍攝旅程中的其他主題，例如馬賽人、孩童，或是想要近距離捕捉場景時，都能發揮作用。

使用「超廣角變焦鏡」，將馬賽人跳舞的景象完美捕捉。
（傑瑞大叔攝影作品）

腳架方面，若計劃拍攝火烈鳥（可下車處）、銀河，或是在飯店拍攝取景夕陽，可以攜帶腳架。不過，如果想要輕鬆旅行，也可以選擇只帶豆袋，在獵遊車上輕鬆依託拍攝。

拍攝基礎提醒：

一、看見動物就按快門，不要等牠們擺出「最完美」的姿勢才拍！
——動物的行為是無法預測的，隨時都可能錯過最佳瞬間。

二、拍攝動物時，務必使用「連續對焦」模式。

三、快門速度至關重要！
——建議至少保持在一千分之一秒以上，鳥類則建議在兩千分之一或三千分之一秒以上，確保能記錄細節，而不會因晃動造成模糊。

四、嘗試利用側光或逆光，營造光影效果。

——這樣可以突顯空氣的質感，以及動物毛髮的輪廓光，使畫面更具層次。

除此之外，建議攜帶自己熟悉的器材。每次出團最擔心的，就是有人帶了剛買的新相機或新鏡頭，結果還沒熟悉操作，就錯失許多稍縱即逝的畫面。動物攝影往往是

（傑瑞大叔攝影作品）

一瞬間的事，必須確保能夠迅速、直覺地操作相機！

最後，攝影老師和領隊也需要積極與司機溝通，根據不同動物的習性隨機應變。例如：

一、看見多臺車聚集在灌木叢旁時，可能是發現花豹。

——這時應先調高快門速度、推遠焦距，先行做好準備。

二、如果發現長頸鹿，則建議縮短焦距，並從車窗下方由下往上拍攝。

——這樣可以拍出更具衝擊力的視角，同時避免長頸鹿的腿被草叢遮擋。

動物攝影與風景拍攝，心態和拍攝方式完全不同！若能掌握好器材與技術，才能更好地記錄這趟難得的肯亞旅程。

草叢中若隱若現的花豹。　（傑瑞大叔攝影作品）

遠離文明的羈絆

時常聽到旅行社在推廣肯亞動物大遷徙團時說：「你要挑對時機，就看得到！」這句話既對，也不對！影響能否看到動物大遷徙的因素實在太多，這個主題相當特殊，因此真心建議，一定要找真正有經驗的攝影人來規劃行程。他們通常會有多年詳細的紀錄，能根據歷年的觀察與經驗做整體安排。例如，我們每到一個地點，會用GPS定位並記錄當年的狀況，每年更新整理，再依此經驗規劃行程，以最大程度提高目標達成的機會。當然，如果有時間，也可以自己多方搜集國內外資訊並進行統整；若沒有時間研究，就找一位值得信賴的策劃者與帶隊者吧！

或許是因為在這裡和世界短暫脫離了，不再依賴電子產品生活，與文明世界的聯繫變得微弱，每天只沉浸在無邊草原與追逐的動物之中。夜幕降臨時，彷彿也和動物

不可或缺的拼圖

一樣，到了時間便自然入睡。來到肯亞，會意外地感受到前所未有的放鬆。動物那單純的感覺，或許正是人類最嚮往的，那是一種真正貼近自然、貼近生命本質的感覺。

我是Momo姐，身為與傑瑞大叔共同遠走四方的夥伴，我們一起拜訪過許多國家，卻是來到非洲肯亞後，才真正體悟到大自然的力量，及人類的微不足道。

一次次的旅程，踏足不同國家與地區，看見截然不同的世界。無論是環境、人種，還是人性與感受，都不斷衝擊著我對世界的認知。

肯亞，一個從小未曾想過，今生竟能踏上的土地！

這幾年，我與傑瑞大叔開始帶團旅行，有一次閒聊非洲肯亞動物大遷徙團，市面上依價格區分，有各種不同等級的住宿與餐飲選擇。而傑瑞大叔所說的「住得很舒服，吃得也很好」，指的是傑瑞大叔攝影團所安排的肯亞動物大遷徙旅程。

時，我問他：「在你的旅遊版圖中，最讓你印象深刻的地方是哪裡？」

傑瑞大叔毫不猶豫地回答：「是非洲肯亞的動物大遷徙！」他扶了扶眼鏡，雙眼閃爍著光芒，繼續說：「有一天，妳一定要去看看。當妳走過這一趟後，回來將會是嶄新的自己。在肯亞，妳會見證大自然最真實、最偉大的面貌，而這趟旅程，也會是最放鬆、最自在的！」

聽完這番話，我忍不住追問：「住宿會舒適嗎？會不會很危險？」（畢竟，這也會是許多團員同學們的疑問）

傑瑞大叔笑著說：「妳放心，住得很舒服，吃得也很好。獵遊旅程中非常安全，沒有危險。」

就在那一刻，我的心中種下了一顆種子——決定打造一趟獨一無二、兼具舒適與享受的肯亞動物大遷徙之旅！

我與傑瑞大叔的工作，就是將這趟旅程做到最好！不僅帶領熱愛攝影的朋友們捕捉最精彩、最動人的畫面，傑瑞大叔還會根據每位團員的需求，提供一對一的攝影指導。我們同時致力於讓旅途中每一刻都舒適自在，包含住宿、餐飲、交通與服務等，這些都是我們極為重視的環節。以肯亞動物大遷徙之旅為例，我們特別安排連續多日入住馬拉河畔的豪華帳篷旅館，讓團員能近距離觀賞牛羚渡河的壯觀景象；此外，還特地挑選了一家特色飯店，打開房門，映入眼簾的便是優游自得的草食動物。完美的旅程，並不僅限於旅途中，而是要在每個時刻，都能帶給團員驚喜與感動。

同時，我們也隨時待命，根據每位團員的狀況，提供最貼心的照顧，並與領隊保持最佳配合。我們的目標只有一個——讓所有團員在傑瑞大叔的攝影團中，體驗無可取代的完美旅程！

肯亞動物大遷徙之旅，完全如同傑瑞大叔所形容的，甚至讓在旅程結束、回到臺灣後，我仍深深懷念在肯亞的每一天、每一個動人時刻。在我看來，這趟旅程是一塊人生中不可或缺的拼圖！當你親眼見證這塊拼圖的樣貌，便會深刻感受到，若少了它，將是一生難以彌補的遺憾。因為，它實在太珍貴、太值得親身走一遭。

而這塊拼圖，對每個人來說，都有著不同的樣貌。或許，對某些人而言，它是獵豹與獅子在草原上奔馳的英姿；對另一些人來說，它則是牛羚奮力躍過馬拉河上、揚起漫天塵土的壯觀景象；

自飯店房間往外看，便能近距離欣賞動物的野性之美。（傑瑞大叔攝影作品）

還有人會記住大象龐大而震撼的身軀，或者彩色小鳥悠閒地棲息在牛羚背上的畫面，又或者是非洲大草原上，那橘黃色的落日，靜謐無聲，彷彿整片天地只屬於自己一人。每個人的心中，都有一塊專屬自己的最美畫面，珍藏在內心最深處。

沒有不好的一趟旅程，端看自己以什麼樣的心境去迎接它。人生的每一段旅程，都是自己選擇的體驗方式。在二〇二四年的傑瑞大叔非洲肯亞動物大遷徙團中，我和傑瑞大叔都深刻感受到，每一位團員都用自己的方式，享受著最自在、最適合自己的旅行。我們很榮幸能夠與大家同行，見證肯亞大自然中生老病死、自然循環的壯麗景象，讓彼此對人生有了更寬廣的視野與更深刻的體悟。

用相機將這些難得一見的美景好好收藏。　（傑瑞大叔攝影作品）

走過每一步，才敢承諾

我們的使命，就是要比團員想得更多，做到團員意想不到的細緻安排！

傑瑞大叔所策劃的每一趟旅程，都是獨一無二的。我們為何如此有信心？因為我們每一步、每一處，都親自踏查過——這些旅程可能是數年在當地踩點、考察的心血結晶。我們將多年來的在地經驗精華萃取，規劃出最精彩的行程！為此，我們親身體驗、尋找最佳拍攝角度、捕捉當地最美的瞬間、安排每個景點最適合的停留時長，讓行程既豐富緊湊，又能保有從容的餘韻。在這些精心安排下，我們同時確保旅程的舒適度，甚至連每一間住宿的選擇，都有其特殊理由——它不僅順路、舒適，更是整趟旅程的完美一環！當然，餐食的安排也是我們最基本的要求，確保團員能享受美食與旅程的雙重滿足。

我們很感謝這些年來，老同學們對我們的信任，能讓我們的用心被看見、被感受。在傑瑞大叔的美學攝影團中，不僅僅有熱愛攝影、希望學習拍攝技巧的朋友，近年來也吸引了越來越多喜愛深度旅遊的旅人。我們精心安排的是「深度、慢遊」的旅程，在旅程中，大家可以隨心所欲地漫步、慢拍，甚至停下腳步，靜靜感受當下的一切。我們很驕傲地說，傑瑞大叔規劃行程的方式，幾乎是「每半小時」為單位，細細思考每個細節——我們所推出的行程，每一趟皆是連自己都會迫不急待想參加旅程！

二〇二四年的非洲肯亞動物大遷徙團，完美落幕。我們期待未來，每一年都能帶領團員，一同踏上這趟一生必去的夢幻旅程！

傑瑞大叔與 Momo 姐的夢想清單

晨昏之間・肯亞的風光

李敦錦

從事醫療工作已三十餘年，每天過著忙碌的生活，上班、下班總是一成不變，直到五年前發現了攝影的天地，從此一頭栽入攝影世界。現在不是在工作，就是在攝影的路上。雖然人生大部分的時間都是在工作中度過，但因為熱愛攝影，只要一有時間，就抓緊攝影的機會，所以旅遊都是以攝影為主題，而安排到肯亞旅行、攝影就是我人生清單中最大的祈盼。

每當夕陽即將西沉，
或是朝陽緩緩升起時，
這片土地都美得讓人屏息。

這幾年，我一直在為肯亞的旅行攝影做準備。一有空檔，就會上網搜尋與動物攝影相關的器材和技巧，也經常觀看 YouTube 上各種關於肯亞旅遊的影片，以及動物知識。

經歷了三年的新冠疫情，終於等到情勢趨於平穩，也剛好收到傑瑞老師開肯亞團的消息。於是，我毫不猶豫地報名了肯亞攝影團，並開始從老師口中逐步了解應該攜帶的攝影器材，以及航空公司對行李的限制。這趟旅程將近四十八小時，與以往自由行不同，已無法隨心所欲地攜帶器材。尤其是隨身行李限重七公斤，著實讓我煩惱許久。

肯亞位於東非，臨近印度洋，與索馬利亞、衣索比亞、南蘇丹、烏干達及坦尚尼亞接壤。出發前，老師一直耳提面命：肯亞人不喜歡被拍。所以只有到馬賽村、允許拍攝後，我們才盡情地拍。

肯亞一向不是以風景著稱，可是她的日落卻非常地美；雖然只是不經意拍了幾張，但依舊美得讓人窒息。而她也不愧是動物攝影的天堂！除了驚心動魄的動物大遷徙之

外，各種動物都在你意料之外不期而遇。不需要很長時間，除了犀牛之外的非洲五霸都收入了相簿之中。

在肯亞的十二天裡，多虧了同車幾位夥伴的扶持，還特別讓出位置，讓我能站在中央拍攝。尤其是同行的張醫師，在拍攝大遷徙時，當時車上已經沒有合適的位置，他竟然直接叫我把豆袋和相機放在他頭上拍。我連忙說：「這樣不好吧！」結果他笑著回：「一輩子可能就來這麼一次，不架上去，回去會後悔一輩子！」於是，我就很無良地把相機和豆袋放到他頭上。沒想到，他突然大叫：「怎麼這麼重！」這才讓我意識到，豆袋加上相機鏡頭，總重量至少有七公斤！但即便如此，他還是全程堅持讓我繼續拍攝，怎能不讓人心生感激？能有這樣的好夥伴，真的很幸運。

而隨行的司機 John 一路上都親切地喊著：「My friend!」，讓整趟旅程倍感親切。車上顛簸不已，很多東西都被震得不見了，像是磁吸 CPL、耳機等等，但他總是能在隔天神奇地幫我找回來。在追逐花豹的過程中，我更見識到了這位入行三十多年司機的驚人技術。他在眾多獵遊車間穿梭，靈活地追蹤獵豹，簡直游刃有餘。如果換作是我，不是撞車就是直接追丟了！

感謝同車的張醫師慷慨讓位！

很開心這十一天都能有司機 John 的安全駕駛及陪伴。

觀鳥天堂與野生動物巡禮

踏入奈瓦沙索帕湖山林小屋的瞬間，眼前的美麗鳥類吸引了我的目光。然而，旅程的節奏不允許過多停留，只能匆匆拍下幾張照片，便趕緊用餐，隨即搭上獵遊車，直奔納庫魯湖國家公園。

納庫魯湖國家公園位於裂谷省的納庫魯市，是專為保護禽鳥而建立的公園，被譽為觀鳥天堂，擁有多達四百五十種禽鳥，其中尤以火烈鳥最為著名。原本期待能拍到滿山遍野的火烈鳥，然而，由於前陣子的洪災影響了生態，火烈鳥數量大減，取而代之的是大量的鵜鶘。

旅途中收穫豐富，拍攝到多種野生動物，包括長尾黑顎猴、旋角羚羊、水羚、狒狒與斑馬等。

長尾黑顎猴的特徵是藍色的睪丸，主要棲息於森

不知名的美麗鳥類。

上：小鳥們歡快地飛舞著。
下：鵜鶘點點名囉！

林，因棲地減少，牠們正面臨生存威脅，甚至瀕臨絕種。

旋角羚羊（弓角羚羊）的角呈螺旋狀彎曲，因此得名。這種羚羊可從食物中獲取水分，通常在夜間活動，白天則棲息在自己挖掘的低窪地中。這次就是在納魯庫湖國家公園的低窪地區拍到。

水羚又稱非洲大羚羊，是非洲很常見的羚羊，會在灌木林及大草原近水的地方吃草。雖然牠們的名字與「水」有關，但卻不喜歡涉水。由於水羚身上有著難聞的味道，除非是在極度飢餓的狀況下，否則獅子通常都不會獵殺牠們。

斑馬至今仍未被人類完全馴養。過去，人們曾誤以為斑馬擁有白色皮膚和黑色條紋，但事實上，斑馬的皮膚是黑色的。雖然斑馬的黑白條紋在我們眼中格外引人注目，但對於以黑白視覺為主的掠食動物來說，這樣的斑紋有助於打散牠們的外輪廓，使掠食者更難鎖定目標。不過，最主要的原因是，這些黑白交錯的條紋能有效防止馬蠅、采采蠅等害蟲寄生在斑馬身上。此外，斑馬行走時會不停點頭，也是牠們用來驅趕這

①
②③
④⑤

①：長尾黑顎猴。
②：旋角羚羊。
③：水羚。
④、⑤：斑馬。

些害蟲的一種方式。

因為前一天在那魯庫湖只見到稀疏的火烈鳥，導遊、老師和司機討論後，並與當地其他司機交換了情報，發現火烈鳥因為食物來源改變，大部分已經遷往另一個國家公園。在與團員商量後，我們決定改變行程，前往艾爾曼泰塔湖。昨天的失敗讓我並沒有抱太大的期望，但一到達，我們遠遠望去，竟然是一片火紅的海洋，滿滿的紅鶴如火焰般蔓延開來。牠們或展翅高飛，或像蜻蜓點水般飛翔，成群的火烈鳥一字排開，場面壯觀極了。中間偶爾有些棕頭鷗穿梭其間，還有幾隻鸕鶿降落在紅鶴群中，千姿百態，讓我快門按個不停，真是欲罷不能。

回程途中，我們偶遇了一隻犀牛。可惜當時已經是傍晚，光線不足，加上距離較遠，我只能拍到模糊的輪廓。沒想到，這竟然是這趟旅程中唯一一次看到犀牛的機會。更別提那瀕臨絕種的黑犀牛，連遠遠的白犀牛我也拍不好，這成了這次旅行中最大的遺憾。

狒狒。

整群的火烈鳥，顏色鮮豔美麗。

遊湖與輕健行

從艾爾曼泰塔湖返回的途中，除了非洲水牛之外，也遇上了一種奇特的牛，有著高聳的肩脊，可惜不知道是什麼品種。

奇特的不知名生物。

奈瓦夏湖是東非大裂谷中的一個淡水湖，面積約一百六十平方公里，隨著降雨量的變化，湖面積會有所波動。在我們到達之前，肯亞剛經歷過一場大洪災，這裡的沼澤區大部分被淹沒，成為湖泊的一部分。原本在陸地上的碼頭，現在已經載浮載沉地淹沒在水中。為了搭船，我們得踩著浮在水面的木板才能到達湖面。湖中有很多枯木，那些原本屬於沼澤陸地的樹木，因為淹水而死亡，成為現在的枯木，這也是這裡的一大奇觀。

這裡的旅遊重點是水鳥、河馬和湖上捕魚的原住民。隨時可以看到魚鷹、鸕鶿和翠鳥在空中飛翔。我曾在瀏覽資料時看到，一些船家會準備魚隻，當魚鷹飛過時會吹口哨吸引牠們，並丟魚吸引牠們俯衝捕魚。這樣一來，遊客就能在近距離拍攝魚鷹捕魚的精彩畫面。可惜，並非所有船家都有這樣的安排。

船隻平穩地帶我們去看河馬。許多人因為侏儒河馬影片而誤以為河馬是一種憨厚可愛的動物，但其實，河馬是極其暴力且危險的。二〇一八年，在奈瓦夏湖就曾發生過河馬突然攻擊拍照的臺灣旅客事件，造成一死一傷。肯亞當局隨後擊斃了肇事的河馬。事實上，每年約有兩百人因為河馬攻擊喪命，在肯亞當年就有六起死亡案例。因此，看到河馬時，我們都應抱持敬畏之心，盡量保持距離。我們乘坐快艇劃破湖面，當地的船夫熟知河馬的棲息習性，

湖上捕魚的原住民

搭乘小船悠遊奈瓦夏湖！

奈瓦夏湖周圍有豐富的生態。

帶我們到安全的距離觀賞。之後，我們駛向此行唯一可以在陸地上步行並觀察動物的地方——新月島。新月島位於奈瓦夏湖東側，船隻靠岸後，我們登島進行徒步旅行。當地的導遊帶領我們並提醒我們保持距離，雖然島上的動物多為草食性動物，基本上是安全的，但野性依然存在，若太過接近，也有可能遭受踢擊。

新月島上有許多草食性動物，像是水羚、長頸鹿、灰背伯勞、蒼鷺和鴕鳥等，牠們就在我們周圍自在地走動。途中，我聽到前面一位中國籍的女性在哼唱一首小調歌曲，聲音雖然不是天籟之音，但柔和婉約。那段旋律在這片充滿肅殺氣息的大地上，竟也能讓人感到輕鬆愉快。這樣的午後散步，帶著一絲安然的心情度過。

在離開奈瓦夏飯店前往馬賽馬拉草原之前，我們發現了東黑白疣猴。牠們的臉色黑，長長的白毛沿著軀體兩側分布，臉部有明顯的凹陷，且臉上的毛呈白色，尾巴也特別長且是白色的。這些東黑白疣猴是因為飯店為了引誘牠們，長時間以食物為誘餌，才會在固定時間出現於飯店門前的樹上。

外表看起來憨厚呆萌的河馬，其實非常暴力，大家要記得保持安全距離唷！

新月島上有著豐富的草食性動物。

東黑白疣猴。

動物大遷徙的震撼

動物大遷徙被譽為全球最壯觀的野生動物盛事之一，狂奔的牛羚捲起漫天塵土，壯觀至極。

狂野的動物群遷徙彷彿大地的脈動，無數羚羊與斑馬翻湧如潮，揚起的塵土在夕陽映照下染上一層金輝。牠們循著千百年來的本能，朝著遙遠的彼岸奔馳，無懼眼前的挑戰。

牛羚是一種生活在非洲草原上的大型羚羊。牛羚的頭部粗大、肩寬，形態類似水牛，但後部較為纖細，有些像馬。雌雄兩性都有彎角，既像牛又像馬，因此牛羚也被稱為角馬，是非洲大遷徙中的主要物種之一。

東風起，戰鼓催，草原上依然刮著與千年前一樣的風。忽然間，一群牛羚狂奔而來，捲起千堆風沙，萬馬奔騰，展開了萬年來一樣的大遷徙序幕。

東非的大型動物遷徙是全球最壯觀的野生動物自然現象之一，主要發生在坦尚尼亞的塞倫蓋提國家公園和肯亞的馬賽馬拉國家保護區。每年超過兩百萬隻大型草食性動物，如牛羚、斑馬與各類羚羊，會根據降雨的變化，沿著一條大致圓形的路線移動，尋找新的草地以維持生長。

這一遷徙過程通常從每年的十二月開始，延續到翌年三月，發生在塞倫蓋提南部與恩戈羅恩戈羅保護區的繁殖季節；隨後，動物們在四月到六月期間開始向北移動，經過中央塞倫蓋提地區；到了七月，牛羚群大多數會抵達北部，並在這一時期穿越壯麗且充滿危險的馬拉河。

到了七月與八月，由於水草枯竭，牠們會再次因為食物短缺，從肯亞的馬賽馬拉返回坦尚尼亞的塞倫蓋提國家公園。途中有諸多險象，除了掠食者虎視眈眈，草食動物也在為生存掙扎。這一過程極為驚心動魄，許多動物因此喪命，因此馬拉河的過渡被稱為「天國之渡」。

不過，隨著氣候變遷，降雨量減少，肯亞的動物大遷徙規模逐年縮小，尤其在馬賽馬拉，這是掠食者食物鏈中的關鍵一環。若此環節斷裂，掠食者將難以生存，這也將對當地的生態造成威脅。而且，由於水位下降，動物面臨缺水的危險，而草地也接近枯黃。全球暖化效應可能使得這一自然奇觀在未來幾年消失，因此現在不趁機一睹，未來恐怕將再無機會。

KCG 665H

牛羚。

「萬牛犇騰」的畫面相當壯觀。

平時難以見得的動物大遷徙景象。

獅子是非洲草原上最具主宰力的肉食動物。八月八日清晨，我們目睹了一場獅子捕獲水牛的過程，場面殘忍，獅子撕咬吞食水牛，令人不禁唏噓。還好我們生活在文明社會，無需面對這樣的弱肉強食。

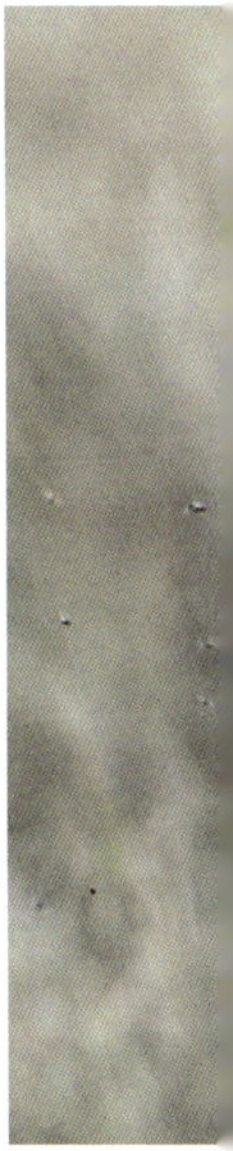

這就是一個弱肉強食的世界。

獵豹是非洲草原上的速度王者，然而耐力並不持久。牠的骨骼進化得輕盈以增強奔跑速度，但這也成了牠的致命缺點，骨骼容易被其他肉食動物撕咬。獵豹的戰力位居鬣狗之後。幸運的是，我們在第一天就遇到了獵豹群的狩獵。

花豹的體型類似虎，但顯然較小；牠的頭小尾長，四肢短健，毛色為黃色，覆滿黑色環斑。頭部的斑點小而密，背部的斑點較大且密集，呈圓形或橢圓形，像極了古代的銅錢，因而有「金錢豹」之稱。花豹常生活於森林、灌叢、溼地或荒漠等環境，喜歡獨居並多在夜間活動。白天牠們通常藏匿於樹叢或岩洞中，不易見到。我們很幸運，在白天兩次遇見牠們，儘管牠們只是悠閒地遊走，並未展現出獵捕行為。

躲藏在草叢中的「金錢豹」。

如風一般的迅捷的獵豹。

非洲鬣狗，又名棕鬣狗，是非洲草原上最為人詬病的掠食者之一。牠擅長搶食，甚至會掏食其他動物的內臟——因鬣狗體型上的劣勢，牠們會主要攻擊獵物的肛門，並連帶咬住腸道將其拉扯出來，此項「獨門絕活」稱為「掏肛」——並以其強悍的戰力名列非洲食物鏈的第二位，僅次於雄獅。即使是母獅，

鬣狗相當具有攻擊性，在非洲掠食者中排行第二，僅次於獅子。

看到鬣狗也不得不退讓。前幾次的獵遊中，我偶爾能見到一些孤單的鬣狗，直到我們即將離開馬賽馬拉草原的清晨，才在微光中目睹一隻鬣狗與禿鷹、禿鸛以及灰背胡狼爭食一隻剛被獵殺的牛羚。我全程見證了這些動物如何貪婪地支解這隻牛羚。

侏獴是一種典型的獴，擁有尖頭、小耳、長尾及短肢，比一般的獴要小得多。遇到侏獴成為旅程中的小驚喜，牠們多數時候看起來比狐獴更加可愛，尤其是在牠們不再齜牙裂嘴時。

而據說大象是非洲草原上非常長壽且聰明的動物，也是唯一可能掀翻獵遊車的動物。

河馬則是一種兇猛的草食性動物，馬拉河中的霸主，河中沒有天敵，領域性極強，對於侵入其領域的動物會有強烈的反應。觀察了三次過河過程，不知道為什麼，牠對於渡河的牛羚及斑馬近在咫尺卻無反應，反而展現出一種寬宏大度。

侏獴。

大象長長的鼻子正昂揚。

鱷魚是馬拉河中最可怕的捕食者，牠潛伏在水中，隨時準備對渡河的動物發起致命攻擊。

長頸鹿是世界上現存最高的動物，最高可達五．五公尺，從軀幹到頭部可達兩公尺。你知道怎麼區別長頸鹿性別嗎？據說公長頸鹿常常甩動牠長長的脖子打架，頭上的毛會掉，所以禿頭的長頸鹿是公的、頭上有毛的是母的。

鱷魚狠狠咬住了獵物的屁股。

分得出來圖中的長頸鹿是公是母嗎？

上：轉角羚羊。
下：蛇鷲。

埃及雁。

灰背伯勞。

鴕鳥。

美麗的邂逅

馬賽族是東非著名的部落，傳說他們是哈米特人的後裔，幾百年前南下尋找水草，最終定居在肯亞南部及坦尚尼亞北部。馬賽男性通常穿著紅色的「shukas」長袍，肩上披著毯子，並佩戴手工製作的手鐲和項鍊，這些飾品是他們文化認同的象徵。馬賽女性則以色彩鮮豔的「kangas」裙子為服裝，並搭配珠子及精緻的飾品來增添魅力。即便至今，馬賽人依舊拒絕肯亞和坦尚尼亞政府提出的定居建議，並積極爭取在兩國的國家公園與保護區中放牧的權利。他們拒絕現代西方文化，堅持過著傳統的遊牧生活，並且保留一夫多妻制。

參觀馬賽村是一次獨特的體驗，難免會看到他們的迎賓舞，隨著一聲聲熟悉的「Jambo!」響起，熱烈的歡迎儀式便開始了。隨後，我們參觀了他們的住房，這些房屋由糞便和泥土混合建造而成；還有快速鑽木取火的表演，直到今天，這個部落依然不使用電力，煮食時依舊靠鑽木取火。在這樣的環境中，我終於能夠盡情拍攝他們的身影。馬賽人對我們拍攝並不介意，甚至有些會操作相機，幫我們拍下這些美麗的瞬間。村子裡有天真可愛的小朋友，也有幽默搞怪的馬賽族人，這裡的每一個人都帶著濃厚的民族風情。

肯亞的熱氣球旅遊與土耳其的熱氣球並列為世界上最著名的熱氣球活動之一。由於我有些懼高症，再加上我心中理想的熱氣球畫面是：在藍天上漂浮的熱氣球，與地面上奔跑的斑馬或牛羚共同構成美麗的畫面。幸運的是，這一幕終於在我們離開前的最後時刻拍到，成為了這次肯亞之行最難忘的回憶之一。

馬賽村的居民都十分熱情外向。

名列全球特色餐廳 TOP 100 之一的肉食動物餐廳（百獸宴餐廳），位於肯亞奈洛比的 Langata 郊區，是一家極具特色的餐廳。結束了肯亞的行程後，我從馬賽馬拉國家保護區驅車前往這家餐廳。這裡的特色菜就是各式各樣的肉，並提供無限量的自助肉餐，尤其以野味肉而聞名。雖然自二〇〇四年以來肯亞已禁止銷售野味肉，但肉食動物餐廳依然是當地頗受歡迎的景點。

餐廳裡的肉類大塊大塊地用長刀串起來窯烤，保持了肉的原汁原味，並且會在客人面前豪邁地切肉分食，場面極具氣勢。對我來說，這裡的重點不在於動物肉類的選擇，因為我對這些肉並沒有太大興趣，而是因為這家餐廳名聞遐邇，來到這裡成為了不可錯過的經歷。所以，大部分的時間，我把焦點放在拍攝餐廳內的氛圍和獨特的場景。

美味的烤肉看得人口水直流。

顛覆印象的肯亞之旅

這趟肯亞之行，顛覆了我對非洲的既有印象。過去，我總覺得非洲是一塊炎熱的大陸，瘧疾肆虐，出發前還被建議接種多種疫苗，包括A型肝炎、流行性腦膜炎、小兒麻痺，以及黃熱病疫苗——其中黃熱病疫苗更是必要接種的。外界似乎將肯亞形容成一個落後國家，疾病流行、蚊蟲飛舞、炎熱難耐。然而，十一天的旅程完全改變了我的看法。

可能是因為馬賽馬拉草原位於高原之上，這裡不但沒有臺灣夏季的悶熱，早晚甚至冷得需要穿上羽絨衣。而且，在我們活動的範圍內，幾乎沒見到蒼蠅，只有在拍攝獅子時，才會在牠們的臉上看到幾隻。蚊子也意外地少，全程我甚至沒被叮過一次。基本上，除了國家公園裡的道路顛簸難行外，幾乎沒什麼可以抱怨的。

美好的旅程總是過得特別快，轉眼間十一天已經結束了。整趟旅行其實稱不上完美，畢竟沒能拍到逆光下的動物幼崽，也沒成功捕捉到清晰的犀牛身影，總還是有些遺憾。離別時，司機John問我：「My friend, when will you come back?」我笑著回他：「Just one time in my life.」但這句話，卻在我心中慢慢發酵……

寫完這篇文章，才突然發現自己遺漏了一件重要的事——肯亞的風光。有人說，肯亞不過是一片枯黃的草原，能有什麼美景可言？但其實，每當夕陽即將西沉，或是朝陽緩緩升起時，這片土地都美得讓人屏息。最後，就用這些晨昏時分的照片，為這趟旅程畫下最完美的句點。

李敦錦的夢想清單

世界很大，夢想不遠

廖美珍

目前是任職於小公司的會計人員，在學生時代便對攝影有興趣，出社會後買了第一臺單眼相機，時不時便與同好相約拍照，攝影技術也因而愈發熟練。

因發現臺灣已經無法滿足對攝影的熱愛，觸角慢慢往國外發展，有時間就會往日本、韓國旅遊及拍照，拓展自己的視野。

人，因為世界而渺小，
也因為夢想而偉大。
想做的事情，若有機會實現，
就應該努力去完成。

一名生活平淡無奇的小公司會計，平日公司跟家裡兩點一線，偶然之下又重新接觸攝影——自學生時期就對攝影有很濃厚的興趣，出社會後看到別人拍的照片很美，便去相機行買了第一臺單眼相機，每天下班就在家裡附近東拍拍西拍拍，慢慢地認識了許多熱心的攝影人，放假相約一起去拍照，耳濡目染下拍照技術進步很多，近幾年更是跑遍臺灣各地，只為了拍攝各地美景並留下美好的回憶。

因發現臺灣已經無法滿足對攝影的熱愛，觸角慢慢往國外發展，有時間就會往日本、韓國旅遊拍照，順便看看外面的世界，所謂「讀萬卷書不如行萬里路，行萬里路不如閱人無數」呀！

一場期待已久的旅程

不知道從什麼時候開始，「肯亞動物大遷徙」這個詞彙頻繁地出現在我的耳邊，網路上也不斷介紹肯亞，說這是一生一定要去一次的夢想之地。漸漸地，這個夢想清單在我腦海裡深深扎根，讓我覺得如果不去一次，可能會遺憾終身！

對肯亞，我幾乎一無所知，也擔心自己無法適應當地的飲食與環境。畢竟，這是一個相對落後的國家，加上炎熱的天氣、瘧疾等因素，還有最現實的考量——高昂的旅費和遙遠的路途。但經過一番掙扎，我還是決定報名傑瑞大叔的肯亞攝影團，踏上這段期待已久的旅程。

在香港機場等待轉機時，看到飛往杜哈的登機門，我的內心湧起一陣興奮與期待——沒想到有一天，我真的要踏上肯亞這片土地！旅途中，我看到許多馬賽人，有些身穿色彩鮮豔的服飾，有些則是傳統的馬賽服，他們熱情地向遊客兜售手工藝品，這一切讓人覺得新奇又充滿異國風情。

當我們抵達奈洛比國家公園，大門緩緩打開，車子沿著小路前行，兩旁的草原景色映入眼簾。那一刻，我突然覺得自己像是進入了《侏羅紀公園》的世界——高大的長頸鹿悠閒地啃食樹葉，牛羚、斑馬、狒狒，以及各種野生動物自在地漫步其中，這樣的場景竟然真實存在於眼前，讓我有種置身夢境的感覺。

活生生的長頸鹿就在眼前！

粉紅色的夢幻湖畔

進入國家公園後，有幾項重要事項需要特別注意。夜間不能獨自外出，必須由當地服務人員帶領，因為外圍設有電網，主要是為了防止肉食性動物靠近人類，也避免遊客誤闖發生危險。

為了維持原始生態，國家公園內完全沒有路燈，道路上滿是坑坑洞洞，坐在獵遊車上顛簸不已，卻又有點像搖籃，搖著搖著就讓人昏昏欲睡。這裡降雨量稀少，加上太陽猛烈，風沙四起，常常噴得全身都是沙塵，連相機也難倖免。經過一天的「洗禮」，隔天就學乖了，從頭包到腳，只露出兩隻眼睛，深怕曬成跟當地人一樣，只剩牙齒是白的。

肯亞有多處國家公園，而最受遊客青睞的，便是面積廣達一千八百平方公里的馬賽馬拉國家保護區。每年七月中旬至九月間，動物大遷徙蔚為奇觀——成群的牛羚與斑馬如同軍隊行軍，從南方坦尚尼亞的塞倫蓋提大草原一路向北遷徙至馬賽馬拉，壯闊的景象吸引無數旅人前來朝聖。

在行前看到行程表上有「火烈鳥」，就已經讓我十分驚豔、充滿期待。而當親眼見到那一大群火烈鳥聚集在湛藍湖邊覓食，形成一片粉紅色的大自然景觀時，更是忍不住驚嘆——近距離觀察時才發現，牠們的眼睛竟然是紅色的！而且嘴巴又細又長呢！

火烈鳥的別稱又叫「佛朗明哥」，為什麼會有這個稱呼呢?因為牠們身形修長，脖子與雙腳又特別細長，當準備起飛時，腳在水面上輕點，彷彿蜻蜓點水，展翅時的姿態宛如翩然起舞的佛朗明哥舞者。特別是一整群火鶴鳥同時起飛的畫面，簡直像是在海上起舞的舞者——果然是百聞不如一見。

夢幻的粉紅色鳥群。

草原法則 生死一瞬

這次的肯亞之行，最期待的獅子獵殺場面沒能親眼目睹，倒是意外看到了獅子爬樹的罕見景象。遠遠地便看到許多獵遊車圍在一棵樹周圍，原以為是花豹，走近一看才發現居然是一隻母獅。牠不知為何會待在樹上休息，難道是因為高處視野較佳，能更方便搜尋獵物嗎？沒多久，母獅準備下樹，前腳緊抓著樹幹，身體緩緩滑行，滑到一半後，最後縱身一躍，完美落地，隨後若無其事地離開，完全不理會四周的遊客。

至於牛羚過河，這次的場景壯觀得讓人難以置信，數量之多令人驚嘆。領頭的牛羚帶著整群夥伴從遠處直衝岸邊，一群群牛羚奔騰揚起的塵土，簡直是非洲草原最經典的畫面。尤其當牠們抵達岸邊，毫不猶豫地躍入水中時，更是讓人屏息。有的牛羚跳得完美俐落，有的則摔得四腳朝天，看了都不禁替牠們捏把冷汗。不過即便摔倒，牠們仍迅速爬起來，奮力游向對岸，因為水中還有鱷魚虎視眈眈、伺機而動。

我們這次在馬賽馬拉國家保護區目睹了三次牛羚過河的場景。第一次看到整群牛羚從遠處奔向河岸，那揚起的塵土與飛躍的身影，震撼得無法用言語形容。第二次則是見證了殘酷的自然法則——一隻牛羚在過河時，被鱷魚從後方咬住屁股，牠奮力掙扎，眼神空洞無助，周圍的同伴卻無能為力，只能靠自己拚命求生。當

親眼見證這生死一瞬間。

第一次牛羚過河。

第二次牛羚過河。

牠即將游到對岸時，另一隻鱷魚突然從側面襲來，狠狠咬住牠的脖子，就這樣，這隻牛羚成了鱷魚的盤中餐。當下拍攝這一幕，心裡真的很不好受，但這就是適者生存、弱肉強食的殘酷現實。

第三次拍牛羚過河時等了超久。牛羚們來回探路遲遲不敢下水，隨後斑馬也來了，牠們的警覺性更高，來來回回徘徊許久，似乎在判斷水裡是否有鱷魚的蹤跡。岸邊聚集了幾十臺獵遊車，大家都在等待，正當我們放鬆警戒時，突然幾隻領頭的牛羚毫無預警地往下衝，後方的牛羚也立刻跟上，一隻接著一隻跳入河中，數量多到難以估計。最後，斑馬們也跟著隊伍

第一次過河時「搞笑演出」的牛羚。

第三次牛羚過河。

一同過河；據說斑馬過河的畫面相當罕見，沒想到這次竟然有幸見識到！整個隊伍過河的場面壯觀得令人屏息，光是拍照都覺得不夠，趕緊拿出手機錄影，記錄下這令人驚嘆的一刻。望著螢幕裡整群牛羚與斑馬奔騰渡河的畫面，心裡只有一個念頭——這趟旅程，值了！

第一次與野生動物近距離接觸，真的會讓人緊張。在草原上，大家都必須遵守規則——只能待在獵遊車上，絕對不能下車，因為隨時可能有獅子、獵豹或大象突然衝過來，把人類當成獵物。在馬賽馬拉國家保護區的五天行程裡，其中一天安排了整日的獵遊，早上飯店便為我們準備好午餐，司機兼嚮導會在途中挑選一個相對安全、視野良好的地方，讓我們下車在樹下野餐，體驗草原上的野餐氛圍。途中還看到有情侶坐在樹下，一邊喝著香檳，一邊享受午餐，模樣悠閒愜意，據說這樣的行程可以提前預約。雖然覺得很特別，但心裡也不免擔心：萬一肉食性動物突然襲擊怎麼辦？

這五天的時間裡，我們基本上都待在獵遊車上，尋找動物的蹤跡。獵遊車內還有無線電系統，司機與其他車輛的嚮導會互相傳遞訊息，一邊開車一邊幫我們尋找野生動物。

有時候真的很佩服司機的眼力，他們總能在遼闊的草原上發現動物的身影。當我們終於看到「萬獸之王」公獅時，大家的眼睛都亮了，忍不住興奮地叫出聲來，馬上拿起相機，快門聲此起彼落。

那頭公獅似乎剛吃飽，一直打著哈欠，張開的嘴巴大得驚人，露出又尖又長的門牙，光是看著都讓人覺得有點恐怖，心想要是被咬上一口，後果不堪設想。天氣炎熱，牠顯然懶得動，加上剛吃飽，便轉身走到樹蔭底下，直接躺在地上呼呼大睡，完全不在意四周圍觀的數十輛獵遊車與車上的遊客，這架勢果然是王者風範！

進食中的母獅，眼神銳利。

飛越草原的天際之旅

這次的行程特別安排了進入馬賽村、拍攝馬賽人。他們身材高䠷、四肢修長，身穿傳統服飾，賣力地跳著迎賓舞，畫面十分震撼。長者還親自示範如何生火，方式和我們課本上學過的鑽木取火幾乎一模一樣。隨後，我們參觀了他們的房屋，內部相當簡陋，沒有電器設備，也沒有燈光，只有幾個簡單的鍋碗瓢盆。屋外搭建了一間間草屋，擺滿當地人親手製作的手工藝品，項鍊、首飾、吊飾琳瑯滿目，吸引著遊客購買。村落裡的小孩流著鼻涕，好奇地看著我們，眼神裡似乎在想：「這些人是來送東西的嗎？」幸好出發前，領隊有提醒我們帶些糖果或文具分送給孩子們，才不至於讓他們失望。

而這次最期待的行程之一，莫過於搭乘號稱「史上最貴」的肯亞熱氣球。來到肯亞，當然不能錯過這個難得的體驗！搭乘前，所有乘客都必須先簽一份生死狀，畢竟

馬賽人十分熱情好客，讓我們感覺賓至如歸！

飛行途中會發生什麼，誰也無法預測。等熱氣球安全降落後，還會頒發搭乘熱氣球證書，最後在遼闊的草原上準備豐盛的早餐與香檳，為這趟旅程留下完美的回憶。

肯亞的熱氣球登機方式也很特別，是「躺著進去」的。進入竹籃時，完全看不到外面，竹籃大約一百二十公分高，乘客分別躺在四個小格，每格可容納四人，中間則是機長與設備操作區。機長環顧四周，確保所有人都準備就緒後，發號施令：「起飛姿勢！」大家趕緊拉緊繩索，確保相機鏡頭不會晃動，準備迎接起飛的瞬間。此時，我們完全無法看到籃外的情況，只能抬頭透過狹小的視野，看到火焰將氣球膨脹至飽滿。就在這時，遠方的另一顆熱氣球已率先升空，我們滿懷期待，機長這時大喊：「可以站起來了！」

在我們起身的瞬間，驚呼聲此起彼落。熱氣球已經悄然飛至半空，遠方的太陽正緩緩升起，金色陽光灑落在無邊無際的草原上，美得讓人屏息。清晨的色溫溫暖而柔和，草原上點綴著許多顆熱氣球，後頭則有太陽當背景，地面上的獵遊車正在追逐野生動物，這畫面簡直讓人感動不已。當熱氣球飛過時，下方的牛羚群被火焰與轟隆隆的聲響驚嚇，紛紛四散奔逃，從空中俯瞰，牠們宛如螞蟻雄兵，瞬間變成一顆顆黑點。機長拿出望遠鏡，幫我們尋找獵物，從高空俯瞰草原，視野開闊無比，這絕對是獵遊無法比擬的震撼體驗。

降落前，機長一再提醒大家：「抓緊繩索！」因為降落時，竹籃會與地面碰撞，發出「砰砰砰」的聲音，為了避免受傷，大家都緊握繩索。機長的技術果然一流，降落過程非常平穩，原以為會像起飛時一樣躺著落地，沒想到最後穩穩地停在草地上，大家邊笑邊喊：「砰砰砰！」這趟熱氣球之旅，從起飛到降落都充滿驚喜，最難得的是，我們竟然在東非的肯亞馬賽馬拉國家保護區上空，欣賞到這麼壯觀的日出，心情既感動又感恩，這真的是一生難得的體驗！

難怪搭完熱氣球要來杯香檳慶祝！正當我們一邊享用早餐，一邊回味剛剛的飛行經歷時，發現帥氣的機長蓋著毛毯，躲在一旁不知道在做什麼。走近一看，才發現他正在製作我們剛剛搭乘熱氣球時的照片，還將畫面剪輯成影片販售。一個USB裡不僅收錄了機長拍攝的肯亞作品集，還有我們在熱氣球上的珍貴畫面。這麼難得的體驗，當然要帶回家留作紀念！雖然一個USB要價五十美金，不算便宜，但幾乎所有搭乘熱氣球的旅客都買了一份，讓機長樂開懷了啊！

由上而下俯瞰牛羚群。

熱氣球的後面映著一輪烈日，景色絕美。

在肯亞，看見真正的野性

最後一天，我們在馬賽馬拉公園裡目睹了一場精彩的搶食大戰——非洲禿鸛、禿鷲與鬣狗你來我往，為了爭奪食物激烈對峙，甚至呼朋引伴互相攻擊，誰也不肯讓步。趁著空檔，鬣狗還抬頭看向我們（應該是聽到了快門聲），模樣竟然有些可愛，和牠兇猛的形象形成強烈對比。

「非洲五霸」指的是非洲獅、非洲象、非洲水牛、非洲豹和黑犀牛。或許是習慣了遊客與吉普車的存在，肯亞的猛獸們經常大搖大擺地從車旁經過，對車聲、人聲，甚至對快門聲都置若惘聞。行前，我還擔心野生動物的距離太遠，需要使用長焦鏡頭才能捕捉到清晰的畫面，沒想到根本是多慮了。

五霸之中，最吸引人的當屬萬獸之王獅子跟花豹。

肯亞有花豹與獵豹兩種大型貓科動物，但牠們的外觀與習性大不相同。花豹體型較壯碩，毛色上的斑點略帶咖啡色，喜歡棲息在樹上休息或進食；獵豹則較為瘦小精實，臉上有兩道明顯的「淚痕」，這是牠們最容易辨認的特徵。由於花豹是夜行性動物，白天難得一見，遊客們總覺得更加珍貴，因此被列入五霸，而獵豹則成了遺珠之憾。

這次我們幸運地遇到了一群大象，還有小象緊緊跟在大象身旁，可惜牠們聽到車聲後立刻轉身離開，結果我們拍到的全是大象的屁屁，讓人哭笑不得。五霸之中唯一沒能拍到的，就是犀牛，

獵豹臉上的紋路看起來就像淚痕。

不知是躲到哪裡避暑，整趟旅程都沒見到牠們的蹤影，實在可惜。

而我作為專門拍攝風景與晨昏的攝影愛好者，當然不能錯過非洲的落日美景。司機見到紅通通的太陽，立刻帶我們尋找合適的前景——一棵孤立的刺槐樹與一臺停駐的獵遊車，構成了完美的構圖。更幸運的是，夕陽斜射的光線恰到好處，讓整個畫面更添層次與氛圍。望著落日餘暉下溫暖柔和的色調，才發現，原來非洲的天空可以這麼美，完全顛覆了我對這片大地的想像。

當肯亞的風吹進心底

肯亞的天氣一天之內變化多端，早晚溫差極大。白天炎熱、太陽毒辣，但到了晚上卻需要穿上外套，睡覺時甚至還得靠保暖袋來暖床。沒有保暖袋的話，可能會冷到睡不著。是不是很難想像？在我們的印象中，肯亞的天氣應該熱到爆，怎麼可能會冷？但這就是親身經歷過後才會明白的事。

住在國家公園裡，最特別的一點是每間房間都有蚊帳，以防遊客夜裡被蚊蟲叮咬。飯店人員非常貼心，當我們去吃晚餐時，他們會提前進房，把蚊帳整理好，讓我們回來後就能直接躺進蚊帳內安心就寢，這樣的細節真的很窩心。

肯亞的當地人也非常和藹可親，看到遊客都會禮貌地問好。有些人看到東方面孔，甚至會用中文說「你好」，聽起來特別親切。我在肯亞學到的第一句話就是「Jambo」，意思就是「你好」。

有一次，我們正在餐廳吃飯，突然，服務人員捧著蛋糕、唱著〈Jambo Bwana〉出場，一邊唱歌、一邊跳舞，圍繞著遊客轉圈，還拉著大家一起加入，瞬間讓整間餐廳變成了小小的舞臺，氣氛超級歡樂！

回到臺灣已經一個月了，我卻還時不時想起在肯亞的那幾天。每天出門尋找野生動物的身影，雖然很累，但一切都值得。還記得在餐廳吃飯時，服務人員用中文問我們：「吃飽啦？要收盤子了？」那一刻真的讓人忍不住大笑。耳邊也彷彿還能聽見無線電的廣播聲，以及司機嚮導整天不停地呼叫另一臺車的司機名字。不知道是不是因為在肯亞的感受特別深刻，總覺得這趟旅程的點點滴滴一直在腦海中迴盪，這種從未有過的經歷，真的讓人無比懷念。

人，因為世界而渺小，也因為夢想而偉大。

想做的事情，若有機會實現，就應該努力去完成。這次的肯亞之行，讓人回味無窮，只有親身體驗，才能真正感受到那份震撼與感動。如果有機會、對動物大遷徙感興趣的話，真的一定要親自去一趟！

廖美珍的夢想清單

透過鏡頭走進肯亞的心臟

Lienqi H

十六歲時展開這趟肯亞行，喜歡旅行，夢想能環遊世界，並在同時用相機記錄下世界各個角落不同的風景、人文。希望在十八歲後能透過背包客式的旅行方式更深入當地的文化，在旅行的同時來探索和學習不同國家的事物，並增進自己的攝影能力！

Instergram photography page: lienqi.photography

如果有機會重返肯亞，
我想花點時間，放下相機，
單純地去體驗這片土地的殘酷與活力。

我對肯亞這個國家的印象要從還很小時說起。

從小家裡人很喜歡看有關大自然的紀錄片，電視中常常播放動物星球和國家地理，之中介紹了各種大自然的環境和動物，其中也包括這世界數一數二有名的動物國度——肯亞。也因為這樣，我算是從小就對肯亞這片土地有一定的認識，當時還在讀國小的我，連電視螢幕中動物被獵殺的畫面都不敢看，而當時的自己也沒想到在幾年後能親自踏上這片土地，去感受大自然的蓬勃、一望無際大草原和平常只能在 Discovery 裡看到自由自在的野生動物。

來到肯亞，一大的原因除了可以身處在曾經只出現在螢幕的動物世界中，另外也是為了攝影，為我的作品中增加一個很不同的主題——動物攝影。

從童年興趣到攝影之路

我的攝影生涯算是才剛剛開始，說起「為何會開始攝影？」其實我自己也不知道，在還是六、七歲時就很喜歡拿著一臺卡片相機到處亂拍，當時的那些照片對現在的我來說算不上是什麼好作品，也是從那時候開始發現自己對攝影有點興趣。大約一年半前開始實際的學習專業的拍攝技巧，在選擇這個行程之前，我在冰島和肯亞之間猶豫了很久，最後選擇肯亞作為本年對我來說很重要的一次攝影旅行。

選擇肯亞的原因很簡單，就是不想讓自己的作品變成一般人所說的「芭樂照」（與大家的照片大同小異）。某種程度上，這也算是走了一條捷徑，因為來到這裡拍攝，每個人的照片都會有所不同，無法被複製或模仿。即使是在相同的地點、拍攝相同的動物，無論是獵殺瞬間還是過河畫面，當按下快門的那一刻，每個人的拍攝角度都會有所不同。這樣想來，或許也算是捕捉到獨一無二的作品了吧！

在來到肯亞之前，我多少還是做了一些功課。對於主要為了攝影而來的我，除了因為擔心安全，特地查詢一些當地的禁忌，還上網看了大量來自肯亞的攝影作品。不得不說，肯亞簡直是攝影師的天堂——無論是《國家地理》還是各大攝影比賽的得獎作品，都能見到來自這片土地的精彩影像。我看了許多令人驚嘆的佳作，但卻忽略了一個最重要的問題：這些攝影師除了擁有出色的技術，更關鍵的是，他們已經來過肯亞無數次，有些甚至直接長住在馬賽馬拉。這也凸顯了「時間」對於肯亞攝影師來說是多麼關鍵的一環。

而對於只能在馬賽馬拉待上短短六天的我來說，時間更是最珍貴的資源。

鏡頭之外的殘酷與真實

來到肯亞後，我才發現時間竟然可以過得這麼快。

在肯亞，時間對我來說是最珍貴的資源。我寧願犧牲一個中午的休息，或是少睡兩個小時的早晨，只為了比別人多一點點機會，拍下更好的作品。然而，在馬賽馬拉的六天，對我和所有人來說都顯得短暫——在這片大草原上，一天二十四小時的時間，在我的體感裡竟然只剩下一半。

每天早上六點起床，吃完早餐便出發獵遊，中午簡單用餐後，下午再度出發，回到營地時往往已是晚上七點。這樣的行程日復一日，卻充實無比，讓時間飛快流逝。也因為時間彌足珍貴，我們必須在天亮前就吃完早餐、準備出發。

每天早晨，坐上那臺性能滿分的Land Cruiser，腎上腺素隨之飆升，像是即將展開一場冒險。當獵遊車開始加速、碾過顛簸不平的越野路時，車身劇烈搖晃，如同搭乘雲霄飛車，而前方的動物在視線內奔馳，讓人彷彿置身於4D紀錄片之中。

一場電影有開頭、高潮與結尾，而在肯亞的每一天，都讓我宛如親身經歷這些電影般的情境，有時甚至還會收穫驚喜。

在馬賽馬拉的六天裡，高潮片段無時無刻都在發生。除了數以萬計的牛羚奮力游過河流，最讓我難忘的，則是獵豹與獅子的獵殺場面。

每一次獵殺都宛如一場驚心動魄的表演——原本沉睡的獵豹，雙眼迷濛地睜開，下一秒卻忽然站起，眼神瞬間變得犀利，專注地鎖定目標，壓低身體，潛伏在草叢間，避開牛羚的視線。突然，牠猛然加速，朝獵物撲去。那一刻，我愣住了，只能呆呆地看著獵豹躍上落單的牛羚，竟忘了按下快門。直到獵豹狠狠咬住牛羚，終結這場生死對決，所有獵遊車便緩緩靠近，觀看這頭生命逐漸消逝的牛羚。

平時很難可以親眼見到野生動物獵殺的畫面，更遑論是用相機記錄這珍貴的瞬間。

從鏡頭看出去的畫面縱然美得驚人，卻缺乏一種真實感。

當時，一個小女孩背對著牛羚，雙手捂著臉哭泣。司機轉頭對我說：「她在哭，這才是人類的正常反應。」而我，則是手握相機，目不轉睛地看著牛羚，毫不遲疑地按下快門。

這讓我開始思考，為何如今的自己能直視這樣的畫面，卻沒有絲毫波動？小時候，我甚至不敢看電視上獅子獵捕的畫面。

或許，這是因為年紀漸長，看多了恐怖片，如今這類場景已不足為奇。又或者，是因為當下的我，一心只想著拍照，腦中只有「這個畫面我要定了！我一定要拍下！」的念頭。然而，這樣的專注，卻讓我無法真正沉浸在這些時刻。透過相機螢幕看出去，與坐在家裡觀看紀錄片，又有什麼不同？

驚心動魄一瞬間

這也讓我開始理解，為何有些人旅行時不拍照，甚至連手機都不拿出來。他們或許無法在十年、二十年後自相片回憶起這個畫面，但至少，在當下，他們能真正用雙眼去感受這片草原上殘酷而真實的生死瞬間。

這讓我萌生一個念頭——如果有機會重返肯亞，我想花點時間，放下相機，單純地去體驗這片土地的殘酷與活力。

對我來說，肯亞就算來十次也不會覺得無聊。行前看了許多關於肯亞獵遊的影片，影片中最常出現的建議是：來到肯亞獵遊，永遠要保持最低的期望，這樣無論遇到什麼，都是一種收穫。然而，這個建議似乎對這次旅行幫助不大，因為在馬賽馬拉的六天裡，我幾乎把能看到的一切都看遍了。

從進入馬賽馬拉的第一個小時起，我便親眼目睹了五隻獵豹的獵殺，以及牛羚生命逐漸流逝的畫面，當時甚至連相機都來不及拿出來。除此之外，這趟旅程中最大的收穫莫過於馬賽馬拉的重頭戲——牛羚過河。在短短六天裡，我經歷了三場驚心動魄的過河場景。撇開前兩次我只顧著猛按快門不談，第三次才是最完整且印象最深刻的一次。

天還沒亮，我們便坐上獵遊車前往馬拉河對岸，選擇了一個完全沒有遮蔽的位置。經歷了近四個小時的車程和烈日下的漫長等待，牛羚和斑馬在河邊不斷試探，無數次讓我以為這次又會白等。然而，當領頭的、經驗最豐富的牛羚終於跳入水中時，上千隻牛羚和斑馬隨之奮力躍入水中，在兩條鱷魚的夾縫中拚命游向對岸。這次因為距離相當近，但角度對我來說不適合拍照，所以我放下相機，用雙眼記錄這個時刻。近距離觀看這個以前只能在電視螢幕中看到的畫面，牛羚們死命游向對岸，甚至踩著同類的屍體只為了活命，這場景帶來的震撼，真的很難用言語形容。因為這是我唯一一次沒有透過相機，而是親眼見證這場生存之戰，因此也成為這趟旅程中我認為最大的一次收穫。

能來到肯亞，最棒的一件事就是親眼看著動物在廣闊的草原上自由奔馳。然而，雖然人類的進入本質上是對動物的干擾，但仍能感受到當地人對大自然的敬畏與對動物的尊重。每次導遊在我們觀看過河後，總是說：「You guys are very lucky.」我解讀這句話的意思是：即使他們經驗再豐富，也深知大自然與動物的行為是無法被預測的。

壯觀的牛羚過河。

最真實的樣貌

身為獵遊嚮導二十二年的John，從他的各種舉動中可以看出他對大自然和動物的尊重。他總是最遵守規則，當其他車輛拚命往前衝，只為了更靠近動物時，John總是保持適當距離。剛開始我還會抱怨為什麼他的個性那麼溫和，總是停在最後，但這幾天裡，他向我解釋了許多肯亞獵遊的規則，也讓我逐漸理解馬賽馬拉這片草原對動物的保護。

其實，我一直對獵遊嚮導這個工作充滿好奇，因此問了他很多問題，其中包括他在馬賽馬拉遇過最可怕的經歷。他說，最驚險的一次是某天晚上，車子在半路拋錨了。他打電話向朋友求救，卻遭到拒絕，因為大家都害怕夜晚的大草原。當時，他只能開著車子的警示燈待整晚，以防止野生動物靠近。而馬賽馬拉的夜晚氣溫僅約攝氏十度，這是他從業以來最刺激的一晚。

我很難想像在馬賽馬拉國家保護區工作二十二年是一種什麼樣的體驗。當 John 知道我才十六歲時，還笑著對我說：「你還沒出生時，我就在這裡工作了呢！」這句話更凸顯了他在這片大草原的資歷。我也問他是否看過我最想見到的畫面，例如獅群獵殺長頸鹿這種難得一見的場景，他的回答都是肯定的。我不禁好奇，當嚮導們看到遊客對著斑馬、牛羚興奮地尖叫時，心裡究竟在想些什麼呢？

在這趟旅程中，我最想拍下的畫面就是獵殺與過河，這兩個場景可能是我對肯亞最深刻的印象，也是動物園裡無法看到的。雖然我拍了無數張牛羚過河與獅子進食的照片，但最終，我最喜歡的兩張照片卻與這些場景無關。其中一張，是一隻小斑馬依偎在母親身旁撒嬌的畫面。這與大草原的殘酷形成鮮明對比，也讓我聯想到，這隻小斑馬或許已經歷過獵豹、獅子的死亡追殺，甚至渡過有鱷魚埋伏的馬拉河。換算成人類的話，牠可能才一、兩歲，卻已經經歷了這麼多生死關頭，比同齡的人類強太多了吧！

然而，一張血腥殘忍的照片，似乎更能展現這片大草原的冷酷無情。這趟旅程中最令我驚訝的一張照片，就拍攝於這條充滿生死較量的馬拉河。

那天，我們因為提早出發而搶到了極佳的位置。導遊輕鬆地對我們說：「今天是你們的 lucky day 呢！」果然，當我們抵達時，河邊空無一車，眼前的牛羚已經開始奮力游向對岸。

當牛羚紛紛抵達對岸時，我才發現，一隻小牛羚的後腿被一條鱷魚咬住。鱷魚似乎想先消耗小牛羚的體力，再享用這頓大餐。然而，小牛羚展現了驚人的毅力，與鱷魚僵持了約十五分鐘。正當它快要筋疲力盡時，卻突然奮力掙脫，拼命向前游去。然而，我完全沒注意到另一條鱷魚正埋伏在前方……

肯亞大草原上除了驚心動魄的獵殺場景，也能不時捕捉到動物可愛溫馨的樣態。

當我按下快門的瞬間，第二條鱷魚從正面張開大嘴，一口咬住了小牛羚的頭。我被眼前的畫面驚呆了，就連在馬賽馬拉二十二年的 John 也被這一幕震撼。這張照片，捕捉到了鱷魚血盆大口的瞬間，也記錄了小牛羚眼中驚恐的最後一刻。這是整趟旅程中，我認為最能代表馬賽馬拉草原冷血無情的一張照片。

在肯亞的獵遊，就像是一場無需步行的冒險。打開窗戶，迎著涼爽的微風，看著遠方山丘上密密麻麻的黑點——那是一群牛羚。而耳邊，收音機裡傳來我聽不懂的史瓦希利語對話，讓人不禁開始腦補，是否有什麼精彩的事情即將發生？雖然聽不懂內容，但我仍能從導遊的語氣中猜測情況。有時，對講機裡突然響起導遊們的歡呼聲，讓整臺車瞬間興奮起來。

在草原上，獵遊車交會時，司機們總會熱情地互相打招呼，而車上的遊客來自世界各地，各式各樣的人在這裡相遇。這片廣闊的草原不僅孕育了成千上萬的生命，也將來自世界各地的人們匯聚於此。他們的目標相同——親眼見證那些在動物園裡難以見到的景象：自由奔馳、充滿生命力的野生動物，在這片壯闊的大地上展現最真實的姿態。

恣意快活的野生動物們。

肯亞草原大冒險

當我真正踏上肯亞的土地，發現她與我之前的想像截然不同。過去我認為肯亞的土地一定乾裂粗糙，河流也早已乾涸。即使在網路上的遊記中得知這裡的氣候相當舒適，但當親身到達時，我依然難以想像這裡的氣候如此宜人。

每天最冷的時候通常是在清晨，當時必須穿上一件薄外套才能不覺得寒冷。然而，肯亞的好處在於，當接近中午時，氣溫大約會升至攝氏二十五度，加上陽光的照射，早晨的涼意會迅速消散。對於臺灣人來說，肯亞真的是個避暑的好地方。

此外，肯亞的天氣也讓我改變了對這個地方的印象。在我看過的許多肯亞紀錄片或 YouTube 影片中，幾乎都沒有下雨的畫面。但在馬賽馬拉的六天中，我們有四天都碰上了大雷陣雨，這讓我感到相當驚訝，因為七、八月是肯亞的冬季，照理說下雨的機會應該是最少的。

雖然大雨讓我們錯過了一次獵遊，但也讓我們見識到與平常大草原截然不同的景色。下雨之前，我們經歷了一些奇異的景象：突然起風，掀起沙塵暴，場景彷彿

氣候意外宜人的肯亞很適合旅遊。

電影《沙丘》中的畫面。我們甚至看到草原上某些地方出現了小小的龍捲風，將沙塵捲起。隨著風勢突如其來地停歇，大雨開始傾盆而下。此時，導遊決定帶我們返回飯店，而回程途中，我們還能見到閃亮的閃電。雖然錯過了一次獵遊，但從另一個角度看，我也見識到草原上難得一見的壯麗景象。

除了天氣的驚喜，肯亞的飲食也讓我刮目相看。出發前，我帶了很多胃藥，擔心如果食物不衛生，可能會不得不在飯店裡待著。雖然我們沒有到當地的餐廳用餐，但我們入住的飯店位於國家公園深處，飲食不僅未曾讓我腹痛過一次，反而意外地十分合我的胃口。或許是因為飯店的食物大多偏重口味吧。

在這九天的行程中，我真切感受到了大自然的生命力。每一次的獵遊都像是一場冒險，既不真實，又讓我難以相信眼前的這些景象，曾經只是我在電視螢幕上看到的畫面。然而，在肯亞，時間似乎永遠不夠用。如果有機會，我還是會再來，重溫大自然的壯麗與力量。

每一次的獵遊都像一場大冒險！

鏡頭下的肯亞故事

文章的最後，與各位分享三張我最喜歡的照片，希望能讓大家透過照片感受到肯亞的獨特魅力！

在馬賽馬拉的幾天裡看了無數的生殺大場面，反而這張溫馨的照片變得更突出，算是這次旅程我最喜歡的一張照片。

上：從遠方望過來的長頸鹿，身邊的草原，讓牠感覺是整個草原中最自由的動物。
下：雖然掙扎了將近十五分鐘，但最後還是被埋伏的另一隻鱷魚逮到機會，張開大嘴。從小牛羚的眼神中可以看到驚恐。

Lienqi H 的夢想清單

非洲心願，馬賽馬拉之行

Neo Yeh

二〇一〇年一月出發去紐西蘭南島旅行前夕，為了記錄沿途所見風景，開始踏入單眼相機的攝影世界。

旅行和攝影讓我感受到生活的美好，不斷激勵我去發現世界更多的精彩。

我的座右銘是：「為了創造回憶，所以，出發吧！」

旅行和攝影讓我感受到生活的美好，
不斷激勵我去發現世界更多的精彩，
令我期待更多的旅程。

從學生時代開始我就很喜歡聽講座，這個習慣延續數十年不變。

二〇一〇年一月出發去紐西蘭南島旅行前夕，我為了記錄沿途所見風景，開始踏入單眼相機的攝影世界。

我所接觸到的第一場肯亞動物大遷徙講座，是在二〇一六年五月的「欣講堂」，當時主講者是傑瑞大叔，他所介紹的非洲野生動物讓我感到非常著迷，這也是我和傑瑞大叔結緣的初始。後來陸陸續續聽過幾場肯亞動物大遷徙的講座，看過幾位攝影老師拍攝的牛羚渡河照片，每次看都覺得震撼，我在心中也把肯亞動物大遷徙列為此生必去的目標之一。

二〇一九年我預報了二〇二〇年傑瑞大叔的肯亞

行前全攻略

團，豈料二〇二〇年初適逢新冠肺炎襲捲全球，臺灣隨之進入鎖國狀態，直到二〇二二年十月才解封。事隔三年，心想終於可以去肯亞了，但傑瑞大叔為了更方便拍攝牛羚渡河，希望能住在渡河點附近的飯店，不過這家飯店非常非常熱門，二〇二三年沒訂到，直到二〇二四年才成功開團，我終於得以踏上肯亞的土地，圓了多年以來拍攝動物大遷徙的夢想。

肯亞和我以往去的國家有很大的不同，要接種黃熱病疫苗，準備預防瘧疾的藥品。由於肯亞限制塑膠袋的使用，獵遊車不裝行李箱，只能裝軟袋，讓我在行李分裝上耗費很多精神。

鏡頭焦距要多長呢？這些年我問過不少人，也聽過許多種說法，有人說越長越好，因為野生動物都在很遠的地方，有人說其實沒那麼遠，400mm 就夠用了，甚至有位帶團攝影老師說 200mm 就夠了，因為他能帶領團員到距離動物很近的地方拍攝。

本來有考慮 Sony 的 600mm GM 定焦鏡，或者新出的 300mm GM 定焦鏡加上兩倍增距鏡，不過前者太貴太重體積太大，後者買不到，最後我帶了兩機三鏡——Sony A1 和 Sony A7R5 雙機身，Sony 200-600 G 和 Tamron 28-200 拍攝動物，Sony 16-35 GM II 拍攝馬賽村的馬賽人和星空。

為了在獵遊車上拍照方便，我準備了豆袋。帶了 Peak Design 旅行者腳架，用於拍攝火烈鳥和星空。還帶了相機電池六顆，以及總容量 1.5 T 的記憶卡。希望這些準備能讓我順利在肯亞滿載而歸！

啟程肯亞迎夢想

期待了許多年，準備了幾個月，終於來到出發日。

我與沖沖趕到桃園機場，與攝影師傑瑞大叔、助理Momo姐、領隊蘇蘇，以及團員們（其中有幾位是以前同團過數次的熟面孔），在熟悉又安心的氛圍中開啟肯亞旅程。

飛行時間在睡睡醒醒、用餐、看電影中度過。靠窗的好處就是有景可看，從飛機上鳥瞰城市夜景真美。

抵達肯亞奈洛比機場，將行李分裝到軟袋，團員分乘三輛獵遊車，我們這輛車的駕駛是Mr. Mu Changi，擁有數十年的獵遊經驗，隨車工作人員則是領隊蘇蘇。

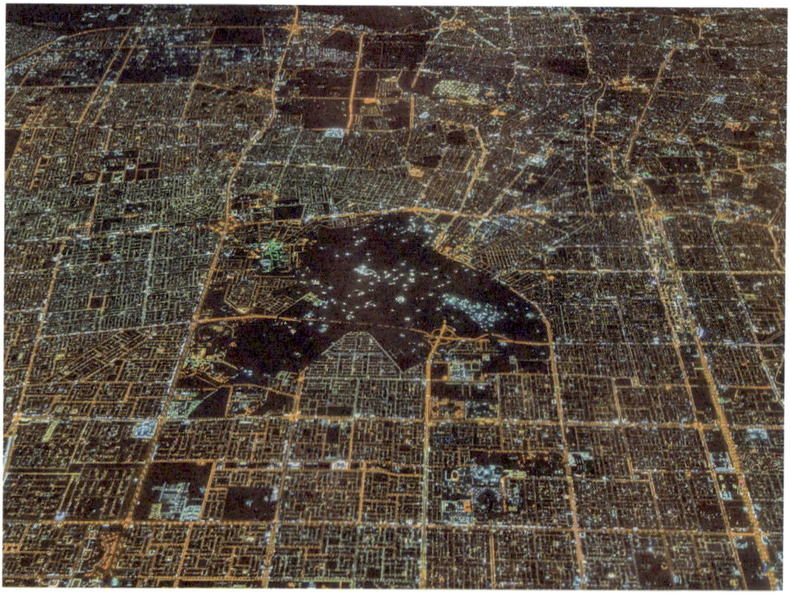

①：從飛機上鳥瞰城市夜景。
②：獵遊車駕駛 Mr. Mu Changi。
③：獵遊車內部。

火烈鳥海夢幻現

出機場行駛幾個小時，進入納庫魯湖國家公園，門口的動物頭骨宣示著我們即將進入野生動物的國度。

我們抵達住宿飯店「薩羅瓦獅子山野生山林小屋」，卸下沉重的行囊。用過午餐後出發，大夥相當興奮，路邊不管看到什麼動物就要停下來拍照，Mr. Mu Changi 多次表示更好看的火烈鳥在後面，照這種前進速度，天黑前肯定看不到火烈鳥，才稍稍抑制我們的攝影欲望。

納庫魯湖國家公園的動物數量不多，我看著孤單一隻的長頸鹿，忍不住說：「動物園的長頸鹿比這裡多。」

領隊蘇蘇感受到我的失落，詢問 Mr. Mu Changi 過後得知，附近的艾爾曼泰塔湖應該有很多的火烈鳥，只是位於另外一個保護區「Soysambu Conservancy」，進去得另外收門票。

「你確定明天早上我們去的時候還會有很多火烈鳥嗎？」畢竟原本行程沒這個景點，去的話得額外收費，蘇蘇想要更加確認。

「我無法保證牠們不會今天晚上就飛走。」Mr. Mu Changi 展現了一點幽默。

蘇蘇和傑瑞大叔討論，全體團員一致同意，決定隔天一大早改道前往艾爾曼泰塔湖。

納庫魯湖國家公園門口的動物頭骨。

當車子停在湖邊，全車的人都發出讚嘆，一眼望去，湖邊布滿了火烈鳥，密密麻麻，難以計數。

「數大就是美！」「這才是非洲啊！」「不枉我花這麼多錢、坐這麼久的飛機、搭這麼久的獵遊車來到這裡！」我的情緒整個嗨起來。

Soysambu Conservancy 的動物明顯要比納庫魯湖國家公園多出許多，我開始感受到自己確實是身在非洲。

納庫魯湖國家公園的火烈鳥。

火烈鳥的漂亮羽毛。

艾爾曼泰塔湖數量衆多的火烈鳥。

驚心動魄夜探河馬

依依不捨地告別火烈鳥，我們前往奈瓦沙索帕湖山林小屋，這間飯店與動物和平共處，房間外面就可以看到斑馬、鹿等動物。

下午的行程要搭船遊奈瓦夏湖和新月島，等船的時候從傑瑞大叔口中得知，這間就是以前發生河馬攻擊臺灣遊客事件的飯店，所以晚上要出房間的話得有飯店保全陪同。

我頓時進入警戒狀態，畢竟這起事件相當有名，臺灣遊客太靠近河馬拍照，侵犯到河馬的領地，河馬暴怒攻擊遊客，導致一死一傷。每次和朋友說起要去肯亞拍攝動物大遷徙時都會提及此事，朋友告誡我要小心河馬，不要靠近河馬合照，不要看河馬長得呆呆萌萌的，其實牠們非常暴躁而且領地觀念很強，咬合力相當驚人，可以一口咬死獅子和鱷魚。河馬雖然體型巨大，但跑得比人類還快，惹到河馬想逃都逃不掉。

湖上風光不錯，船夫將船靠近河馬群讓我們拍照，我真怕河馬暴怒，不過一想到船夫是當地人，也常常帶遊客遊湖，應該熟悉河馬的習性，跟河馬保持著這樣的距離大概不會有問題。

晚餐後，領隊蘇蘇說保全會帶領我們去夜探河馬，我雖然有點心驚，也耐不住好奇心跟著前往。

奈瓦沙索帕湖山林小屋的住房外就可以近距離接觸斑馬。

奈瓦夏湖的河馬群。

河馬白天浸泡在水裡，晚上就會上岸吃草，飯店為了保護房客的安全，在住宿區後面立有通電的圍籬阻隔河馬。保全帶著我們來到圍籬邊，果然在不遠處就看到三三兩兩的碩大河馬在安靜的吃草，看起來相當安靜祥和。

在奈瓦沙索帕湖山林小屋夜探河馬。

追尋牛羚之渡

臺灣的動物大遷徙團，大都選擇在八月前往馬賽馬拉。其實逐水草而居的東非動物大遷徙是個順時針方向的循環，超過百萬頭黑尾牛羚、數萬頭斑馬和瞪羚，在坦桑尼亞的塞倫蓋提國家公園和肯亞的馬賽馬拉國家保護區兩地之間遷徙，在不同的季節遷徙到不同的地方，大部分的時間都是在塞倫蓋提，只有七月至十月位於馬賽馬拉。

牛羚數量如此眾多，場面相當壯觀，牛羚渡河更是為人津津樂道的經典畫面。為了拍攝牛羚渡河，傑瑞大叔特別安排我們在馬賽馬拉國家保護區總共待六個白天，在馬拉營飯店留宿長達五晚，這間飯店距離牛羚渡河地點最近，相當熱門搶手。而我們運氣也很好，在馬賽馬拉六天就遇到四次牛羚渡河。

第一次是進入馬賽馬拉國家保護區，還沒抵達飯店，剛好就趕上一場牛羚渡河，只是適合拍攝的地點真的不多，現場已經有十餘輛獵遊車卡位，我們搶不到可以拍攝的位置，我只有拍到牛羚的屁股。

第二次是在前往拍攝花豹的路上，行駛沒多久接獲牛羚渡河消息，趕緊轉頭前往渡河地點，但趕到時渡河已經結束，只見塵土飛揚，數十輛獵遊車揚長而去，獵遊車也太多了，我很納悶這麼多獵遊車是哪裡來的？這麼

第一次牛羚渡河，只能拍到牛羚的屁股。

多獵遊車是要如何卡位？

第三次是早上出發，剛好趕上牛羚渡河，到渡河點時雖然只有幾輛獵遊車，但河邊植物茂盛，能拍攝到牛羚下水的角度太偏了，只有最靠近岸邊的兩、三輛獵遊車能拍到，我這輛車沒有搶到好位置，拍不到牛羚下水有點遺憾，不過數百隻牛羚渡河的精彩畫面依然讓我著迷。其中一隻牛羚被鱷魚咬住臀部，僵持許久，但奇蹟沒有出現，第二隻鱷魚突然現身一口咬住牛羚的脖頸，牛羚不幸罹難。

第二次牛羚渡河，撲空，只見數量衆多的獵遊車揚長而去。

第三次牛羚渡河。

第四次是我的建議被採用，我們特地一大早出發，繞河五十公里到馬拉河對岸，這邊能拍攝牛羚下水的畫面。

經過漫長的等待，我都快睡著了。好不容易等到牛羚群到來，領頭的牛羚也走下土坡到達岸邊，但是駐足片刻又回頭了。

「回來啊！」我在心中吶喊。

又是漫長的等待，牛羚後隊也來了。

「牛羚快點渡河吧！你們快點渡河我才能回去上廁所！」我憋尿憋到有點語無倫次。

彷彿是聽到我的心聲，領頭的牛羚終於鼓起勇氣，無視在河邊曬太陽的鱷魚，勇敢帶隊向前衝。大夥連忙努力按下連拍，快門聲連綿不絕。

這次有不少隻斑馬也跟隨渡河，很奇妙的是，鱷魚看到斑馬靠近居然跑了，讓我有點搞不懂食物鏈的層次。我一直在等待鱷魚突襲牛羚的畫面，沒想到計畫竟因斑馬而落空。

上：第四次牛羚渡河，領頭的牛羚在思考要不要渡河。
中：終於要衝了！
下：斑馬看起來在保護牛羚。

草原上牛羚的數量非常非常多，常常觸目所及都是牛羚，我也從一開始的震撼，逐漸轉變成習以為常。

有次我們遇到牛羚群在過馬路就停車等候，結果牛羚群一分為二，不僅從我們前面過馬路，也從我們後面過馬路，我們被牛羚群包圍了，成為牛羚海中的一輛扁車，很難得的經驗。

獵遊車前進時，馬路兩邊的牛羚群常常會跑開，所以就只能拍到屁股。要如何吸引牛羚正面看向我們？領隊蘇蘇想到模仿牛羚叫聲，雖然聽起來很像是在嘔吐，但牛羚居然有回應，聽到蘇蘇的嘔吐聲會抬頭看我們，屢試不爽，我們也就多了很多機會拍攝牛羚的腦袋。

非洲草原上的牛羚數量衆多。

走進野性非洲，見證生存法則！

除了前面提到的火烈鳥、河馬、牛羚以外，非洲大草原上還有其他許多動物。

動物大遷徙的牛羚數目非常多，既然有這麼多草食性動物，當然也會有肉食性動物。

大自然是殘酷的，在馬賽馬拉國家保護區更是直接赤裸裸上演弱肉強食的劇情，幾乎每一天都能看到獵食者狩獵或進食的畫面。

我們進入馬賽馬拉沒多久，就遇到幾隻獵豹在撲殺一隻牛羚，後者完全沒有招架之力，一下子就被撲倒成為食物。

每次發現獵食者，就會引起眾多獵遊車圍觀，有次圍觀獵豹的獵遊車數量實在太多了，多到我以為在開市集，搞不好有上百輛，相當誇張。

獵遊車靠獅子、獵豹很近，但卻一點也不怕被攻擊，我對此感到困惑；傑瑞大叔說，這些動物會將獵遊車和車上的人當成是一塊巨大的石頭，所以在車上是安全的，千萬不要下車。

獵食者也沒有儲存食物的觀念和能力，獵殺飽食一頓之後就揚長離去，留下大量的肉食等待腐食動物收拾殘局。

非洲草原常見的獵食者，除了獅子、獵豹、鱷魚，還有吃腐肉的鬣狗、禿鷲、非洲禿鸛。

提到非洲草原，就得提到「非洲五霸」（Big Five game），何謂五霸（Big Five）？非洲獅、非洲象、非洲水牛、花豹和黑犀

①②
③④
⑤

①②：草原上的殺戮每天都在發生。
③④：遊客近距離接觸獵食者。
⑤：衆多獵遊車圍觀獵豹。

牛，這幾種動物被稱為五霸，是因為獵捕的難度最高，並非指體型龐大。

很幸運地，除了罕見的黑犀牛，其他四霸我們都有拍到哦！

有時候動物的行為也會讓我感到新奇。

在新月島上看見長頸鹿群面對同一個方向靜止不動，宛如積木，這是在做什麼？我提出疑問，傑瑞大叔說牠們面對的方向可能有潛在威脅，所以牠們應該是在警戒。

鬣狗。

上：禿鷲和非洲禿鸛。
下：非洲獅。

①：非洲象。
②：非洲水牛。
③：花豹。
④：長頸鹿群面對同一方向，似乎是在警戒。

在馬賽馬拉有次遇到三隻疣豬對峙兩隻獅子，讓我感到相當驚奇。「豬有這麼強嗎？」我完全無法理解。我們一直等候，期待疣豬大戰獅子的戲碼上演。過了許久，獅子終於動了，一腳屈膝，「獅子要衝刺發動攻擊了！好好教訓不知大小的豬！」我興奮起來。沒想到獅子屈膝是要趴下來休息，隨後疣豬也轉頭離去，留下一臉錯愕的我。

而在納庫魯湖國家公園我們遇見了會排隊靠邊走的狒狒群，儼然是受過教育。

膽子大到敢和獅子對峙的疣豬。

納庫魯湖國家公園的狒狒會排隊靠邊，相當有安全意識。

我們在奈瓦沙索帕湖山林小屋門口發現後面藍藍的猴子，領隊蘇蘇說：「以後不能再說猴子屁股紅了，肯亞的猴子屁股是藍色的。」回臺灣後我查了一下，發現那是長尾黑顎猴，後面藍藍的也不是屁股，而是蛋蛋，只能說世界真是無奇不有。

奈瓦沙索帕湖山林小屋因為與動物和平共處，動物可以直達客房外。傑瑞大叔事先告訴我們，晚上如果聽到奇怪的聲音，不要驚慌，那是猴子在陽臺抓窗戶玻璃。以前就有團員半夜打電話向傑瑞大叔求救，說陽臺有六隻猴子，不知道該如何是好。

在馬賽馬拉的馬拉營飯店，領隊蘇蘇說食物千萬要放在軟袋內，不然猴子可能會進去房內偷吃。隔天有兩間房遭到猴子入侵，遭竊安眠藥和止瀉藥。古有嫦娥偷吃靈藥，於是出現了嫦娥奔月的傳說；現有猴子偷吃藥物——而等待牠們的不是睡死就是便祕。至於猴子是怎麼跑進去的？我們住的是帳篷式的房間，並沒有固定封閉的牆壁，因此猴了可以從外面拉開拉鍊進來，奇怪的是出去時還知道將拉鍊拉回去，真是深諳為賊之道啊！

擁有藍色蛋蛋的長尾黑顎猴。

高空之上，草原的脈動！

除了搭乘獵遊車近距離觀看動物，遊客們也可以搭乘熱氣球在高空鳥瞰動物。

搭乘熱氣球我不陌生，去年十月在埃及的路克索，今年五月在土耳其的卡帕多奇亞和棉堡，我之前已經搭乘過三次熱氣球。

其他地方的熱氣球，起飛和降落時乘客都是站立著，但馬賽馬拉的熱氣球與眾不同，起飛和降落時乘客都是採坐躺姿勢，熱氣球飛行員特別花了些時間宣導注意事項。

熱氣球行程本來是沒人帶隊的，要搭乘熱氣球的團員自行坐熱氣球公司提供的接駁車前往。領隊蘇蘇自告奮勇，取得熱氣球公司同意，陪伴我們前往熱氣球搭乘地點，在熱氣球飛行員解說的時候進行英中口譯。幸好有蘇蘇在，讓英文聽力不佳的團員也能搞懂該如何在熱氣球上坐躺。

在路克索和棉堡搭熱氣球是為了要觀看當地的奇特地形，在卡帕多奇亞搭熱氣球是要看百多顆熱氣球同時浮空的壯麗，而在馬賽馬拉搭熱氣球目的則在於欣賞動物的奔放。

依照指示就坐，體驗很新鮮的坐躺式起飛，熱氣球順利升空。

從高空往下鳥瞰，數百頭動物同時在我們腳下奔跑，場面十分壯觀。

我們飛行期間，領隊蘇蘇跟著熱氣球公司接駁車在陸地上追著我們，發現預定的熱氣球降落地點有獅子，

馬賽馬拉的熱氣球採坐躺姿。

①②：從高空鳥瞰眾多動物同時奔跑的壯觀畫面，十分具油畫效果呢！
③：一望無際的牛羚群。
④：斑馬家族。

趕緊聯絡飛行員改變降落地點。

降落時，早餐已經備妥，長方形餐桌鋪好潔白的桌巾，附上慶祝飛行順利的香檳。

熱氣球飛行員在飛行期間幫我們拍了不少照片，降落後隨即招呼我們去看照片，因為陽光刺眼，就用塊布蓋住腦袋。他兜售USB隨身碟，裡面有他幫我們拍的照片、熱氣球準備事宜等，最吸引我的是還附加兩本攝影集的電子檔，收錄了另外一位飛行員在肯亞拍攝的作品。我覺得光是這兩本攝影集就物超所值了，想都沒想便掏出美金購買。

最後也少不了要頒發飛行證書，上面有乘客的姓名，還有飛行員的簽名。

搭乘熱氣球之後享用早餐。

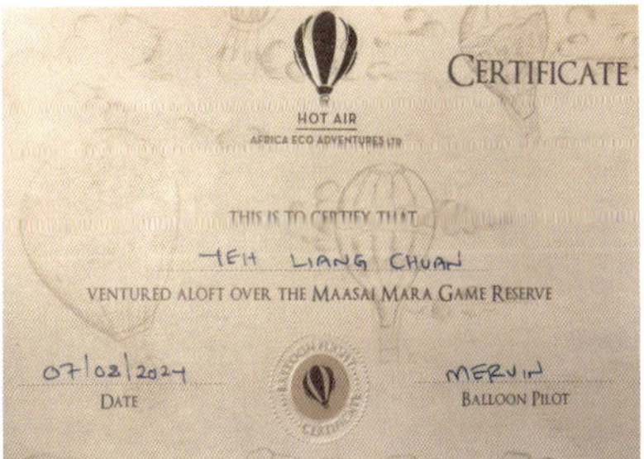

熱氣球飛行證書。

殺價遊戲與馬賽奇遇

除了拍攝動物，旅途中遇到的一些肯亞人也讓我印象深刻。

前往馬賽馬拉國家保護區的路上，沿途有不少家販售手工藝品的休息站，商品琳瑯滿目讓人目不暇給，只是商品沒有貼上售價，店員開價高得離譜。

「這邊殺價可能要先去掉一個0。」傑瑞大叔發表經驗談。

「剛剛店員賣給中國遊客的價錢，是賣給臺灣遊客的四倍。」某位團員分享。

我買東西向來很討厭殺價，所以購買意願並不高。直到有次團員買得太嗨，我受到買氣感染，忍不住也想買些小東西。

「店員開價，你就出個價錢殺價，店員還價，你要是不能接受，轉頭走人就好。」領隊蘇蘇如此面授機宜。

我開始和店員玩起殺價的小遊戲。店員開價、我殺價、店員還價；我不滿意，正當準備轉頭走人時，店員採取哀兵政策：「Please, I need it.」我的同情心在剎那間抖動了一下，瞬間敗下陣來。

「Where are you from?」

「Taiwan.」

「Taiwan, friend.」店員知道我來自臺灣之後，給了我一個比較好的價錢。

「Do you have Taiwan pen? I love Taiwan pen.」我就

把身上唯一的一支自動原子筆送他。

店員開心地送我到店門口，沿路跟別人介紹我：「Taiwan friend.」

而馬賽馬拉國家保護區門口，有一群穿著傳統服飾的肯亞女性，手裡拿著手工藝品，努力向每一輛獵遊車上的乘客兜售，像蜜蜂一樣地勤奮。我是被兜售到怕了，每次遇到都趕緊搖上車窗。

拜訪馬賽村亦是此行的一個亮點。

馬賽人以往以獵殺獅子的成人禮聞名，隨著時代的演進，獅子數量越來越

馬拉馬拉國家公園門口向獵遊車乘客兜售商品的肯亞女性。

左：馬賽人傳統跳躍舞蹈「阿杜姆舞」。
右：拿著單眼相機幫我們拍團體照的馬賽人。

少，出於保護野生動物的考量，肯亞政府禁止馬賽人獵獅，馬賽人的傳統文化隨著現代化或多或少受到影響，現在我們看到的，是融入觀光業發展的馬賽人。

來到馬賽村門口，有位馬賽人為我們說明為什麼他們習慣隨身攜帶長棍，只見他將長棍放於身後，將臀部放在長棍頂端，原來長棍可用來支撐身體的重量，只是看起來似乎不是很舒服。

馬賽村民盛裝打扮迎接我們，女性唱歌、男性表演傳統跳躍舞蹈「阿杜姆舞」，盡其所能地跳高。舞蹈表演結束後，我們被各自帶開，進入馬賽人居住的房屋參觀，室內空間並不大，也沒有現代化的電氣照明。

隨後年輕的村長帶我們去市集，希望我們能購買商品，他們會捐贈部分收入作為慈善用途。擺出的商品也是沒有標價，由村長開價，進行議價程序。我在這裡不小心買了一百美金的商品，有兩位馬賽人提著商品護送我回車上。

我們連住五晚的馬拉營飯店，飯店方說只要是連住三晚的貴客都是他們的家人，因此在我們回程前的最後一次晚餐時間，全部工作人員排成一列，一邊唱歌、一邊擊鼓、一邊前進，拿著火把和蛋糕，來到我們的餐桌前；他們送上祝福的蛋糕，傑瑞大叔還被邀請出來切蛋糕。

我們連住五晚，馬拉營飯店把我們當成家人，最後一次晚餐更是熱烈歡送我們。

大家一起合唱肯亞的流行歌〈Jambo Bwana〉，意思是「你好，先生」，這也是肯亞人日常打招呼的用語，常被用來歡迎賓客。現場氣氛實在太嗨了，最後工作人員一邊唱歌一邊走回去，我們有位團員竟然拿起火把也跟著走了。

寫到這裡，除了重溫當時的錄影，還特地去YouTube搜尋，找到由肯亞男孩合唱團所演唱的〈Jambo Bwana〉，雖然回到臺灣一個多月了，但是重新聽到這首歌，心中還是泛起無限的歡樂啊！

驚喜與美好相伴

在馬賽馬拉這幾天，看了幾次的日出和日落，太陽又大又圓，實在是太美了。

由於肯亞是瘧疾疫區，我們住的三間飯店房間床上都掛有蚊帳，不禁讓我回想起童年時家中掛蚊帳的情景。

馬拉營飯店的床很好睡，飯店晚上提供熱水袋放在床尾，一進入被窩就可以暖腳，實在是太舒服了。我打算回臺灣也要買一個，寒流來襲時很好用。

非洲氣候多變，我們經歷一、兩次狂沙和暴雨，還發生一次車子故障事件，所幸在經驗豐富的駕駛帶領下，我們圓滿完成旅途。

非洲的美麗日落。

馬拉營飯店的帳篷住房，
床上掛有蚊帳。

只是原本安排在馬拉營飯店游泳池拍攝星空，也因為暴雨而作罷。

在馬賽馬拉的最後一天，我們一大早出發，在草原上欣賞最後一次美麗的日出，要踏上回程了，早上十點以前得通過國家公園的大門。

再見了，馬賽馬拉，再見了，非洲大草原。

回程途中經過一間小學，領隊蘇蘇事先和小學老師聯繫好了，從臺灣帶來一大袋的鞋子捐贈給小學學童，不然他們如果赤腳走路，會

暴雨中的非洲草原。

有蟲子鑽進皮膚。小學老師收到鞋子相當開心。

黃昏前才抵達肯亞首都奈洛比，先在Galleria購物中心閒逛、休息、購買紀念品。偶爾可以看見打扮時髦的貴婦，還有一間家樂福，讓我有種瞬間離開非洲大陸的感覺。

晚餐在奈洛比的百獸宴餐廳用餐，這家餐廳的特色一如其名，提供非常多種類的烤肉，主打一個「飽」！而由於飛機半夜一點半才起飛，所以我們一直待到九點多才前往機場。

又是漫長的空中飛行，從奈洛比飛到杜哈要五個多小時，我旁邊乘客的塊頭非常之大，本來已經夠小的經濟艙座位空間顯得更小了；我不禁懷疑自己是不是把運氣都花在拍攝動物上，這趟肯亞行每次飛機座位旁邊都坐著大塊頭。

Galleria購物中心的家樂福有賣便宜購物袋，圖案非常有「肯亞風格」呢！

奈洛比的百獸宴餐廳。

在杜哈登機門，地勤人員把我的機票換成另外一張，我一時沒搞懂是什麼狀況，我連忙手指原先登機證詢問：「I bought this seat.」他指著新登機證回答：「This is a business seat.」我非常受寵若驚，這就是傳說中的升等嗎？本來想稱讚他很帥之類的，不過受限於英文能力，只能擠出一句萬用語：「Thank you very much.」

上天是不是為了補償我一路座位旁邊都是大塊頭，所以安排我升等商務艙？我感覺暈暈的，彷彿在做夢。

杜哈到香港八個多小時的航程很快就過去了，抵達香港機場已超過晚上十點，我已經在想像回到家裡躺在床上完全放鬆的情景。走出飛機看到幾個人在詢問：「有飛往臺北的嗎？」因為我們班機延後抵達，距離下一班飛機起飛時間不足一個小時，行李來不及轉運，所以我們的座位被取消了。

以前沒遇過這種事情，還好是跟團，不用煩惱後續如何處理，只要跟著領隊走就好。領隊和卡達航空、國泰航空人員商討結果，我們入境香港，住在機場旁邊的富豪機場酒店，洗完澡後趕緊入睡，隔天早上五點集合出發搭乘七點起飛的班機回到臺灣。

終於啊，回到家了！我直接在床上躺平，金窩銀窩比不上自己的狗窩，只有在家裡才能真正的完全放鬆，也不用再設鬧鐘！

這次回程有幾個驚喜，飛機座位升等成商務艙是驚喜，額外入住豪華飯店一晚是驚喜，元本旅行社幫我們保了旅遊不便險，額外獲得賠償金又是個驚喜，真是三喜臨門！

感謝同行，收穫滿滿

感謝元本旅行社的 Kate 小姐，肯亞行前有相當多的準備事宜，都是經由她告知和協助處理，尤其選位花了她不少時間幫我搞定。

感謝傑瑞大叔的策劃和指導，幾年前就想要去肯亞拍動物大遷徙，今年終於完成心願。

感謝領隊蘇蘇辛苦帶隊，有她在的地方就有歡樂。

感謝 Momo 姐，她辦事我放心。只要是跟 Momo 姐提過的要求，她都會記在心上，盡全力提供良好的服務。

感謝同行團員李醫生，旅途中若是發生病痛，有他在總是倍感安心。我在肯亞第一個晚上發生了一點小意外，幸好李醫生的房間就在隔壁，我晚上十點多夜訪李醫生問診，感謝他不厭其煩告訴我該如何處理。

引用陳之藩（1925-2012）先生的一段話：「無論什麼事情，得之於人者太多，出之於己者太少，因為要感謝的人太多了，不如謝天吧！」

旅行和攝影讓我感受到生活的美好，不斷激勵我去發現世界更多的精彩，令我期待更多的旅程。

Neo Yeh 的夢想清單

旅行的美好，無需翻譯

Shan

別名雨神，所到之處皆會下雨，來自臺中，熱愛旅遊、潛水、攝影、偶爾追星，有事沒事就往返日本韓國小旅行，MBTI裡面的超級J人，喜歡凡是做好當地攻略，以不變應萬變，夢想是能環遊世界，慢慢踏遍世界，慢慢更新自己。

順其自然、享受當下才是最重要的，
誰也無法預測明天會發生什麼事。
用盡全力過好每一天，
也許就是他們對「美好生活」最簡單
卻最深刻的詮釋吧。

有生之年來到肯亞，親臨國家地理頻道的現場，如此直觀地探索動物生態，其實並不在我的人生必去清單裡。以非洲來說，埃及才是我的最終目標。然而，因緣際會之下，我報名了這次的攝影團行程，逐漸對肯亞有了初步的了解，也發現市區與國家公園裡的世界截然不同。就讓我娓娓道來吧！

對東非與肯亞的認識，一開始來自於電視節目——鄰近赤道、貧富差距巨大、野生動物的天堂等。但隨著網路的普及，越來越多旅行部落客分享了詳細的旅遊資訊與照片，從食衣住行到當地文化差異，乃至最多人關注的動物大遷徙，讓人對這片土地有了更多的想像。此外，雖然肯亞位於赤道附近，但由於地勢較高，實際氣溫比想像中涼爽，甚至比臺中還涼快，這點讓我著實驚訝。

這次的肯亞之行，雖然有元本旅行社提供的旅遊書，以及我們優秀的領隊蘇蘇和攝影老師傑瑞大叔的行前說明，相機器材聽從老師的建議，行李備品由領隊細心講解，但身為計畫型 J 人，我還是需要更多的準備。我上網看遍各種 YouTube 影片，從機場環境到飯店位置，全都在 Google 地圖上標記得一清二楚。飲食方面倒是不太

鏡頭下的非洲五霸

擔心，畢竟元本旅行社與攝影老師合作已久，雖然不敢保證每餐都合自己的胃口，但至少品質有保障。頂多自備足夠的小點心，以應付獵遊時的嘴饞。而在獵遊穿搭方面，想要融入肯亞當地氛圍，平口喜歡的日韓系穿搭可派不上用場，結果連我媽、熟識我的領隊和攝影老師都差點認不出我了呢！

相信每個來到肯亞觀賞動物大遷徙的旅人，都有自己最期待的場景與拍攝目標，當然也希望能將非洲五霸一網打盡。然而，現實往往是可遇不可求的，除了天時地利，司機嚮導與團員們的配合也至關重要。我們這次算是相當幸運，即便適逢肯亞旅遊旺季，又經歷了五月那場大水災的不利影響，仍然見到了許多難得一見的動物。

在艾爾曼泰塔湖國家公園，我們遇見了因觀光人數增加而變得稀少又膽小的火烈鳥。火烈鳥的英文名字「Flamingo」源自「佛朗明哥」，象徵牠們如舞者般優雅的步伐，也有人稱牠們為「花仙子」。

接著，在納庫魯湖國家公園，我們看見了狒狒、水牛、羚羊與數不清的鳥類，其中唯一讓我記住名字的就是「燕尾佛法僧／紫胸佛法僧」，這種鳥胸口有著紫藍色羽毛，十分可愛，隨處可見。而向來害羞，稍受驚擾就會躲藏的犀牛，也幸運地被我們捕捉到。

由於前一天在納庫魯湖國家公園拍攝的火烈鳥太過於稀少，傑瑞大叔便徵求大家意見，詢問隔天是否提早出門，並自費五十美金到艾爾曼泰塔湖國家公園（聽聞這裡是最多火烈鳥的聚集地）。

在非洲水牛背上棲息的燕尾佛法僧（紫胸佛法僧）。

奈瓦夏湖的水上獵遊更是別有風味。我們搭船前往新月島，再跟著島上嚮導徒步健行一個多小時，沿途欣賞這些因為沒有肉食性動物威脅，而能自由自在生活的草食動物。與斑馬、長頸鹿、鴕鳥並肩而行，彷彿進入了另一個世界。

當然，來肯亞旅遊的重頭戲，非馬賽馬拉國家保護區莫屬。抵達公園第一天，我們就幸運地遇見了五隻獵豹家族狩獵的畫面。每天在公園裡，都能見到不同姿態的獅子——有的懶洋洋地躺著，有的正在狩獵，有的則在樹上守株待兔，甚至還有會爬樹的母獅。獅子們各種逗趣的表情讓人忍不住直呼可愛。最難得的是，我們竟然還見到了兩次花豹的身影！此外，數不清的牛羚奔跑、揚起漫天塵沙，甚至是驚心動魄的過河畫面，至今仍歷歷在目。

在馬賽馬拉公園，我們可是不惜重金，燃起熊熊的攝影魂，勢必要捕捉到最精彩的畫面！

漫步草原的野生長頸鹿。

萬獸之王也會打呵欠？!

爬樹的母獅子。

千軍萬馬，決戰河谷！

最讓人印象深刻的，無非就是這次旅程的重點——牛羚渡河。我們總共遇到了三次過河，每一次都有不同的震撼與驚奇。

第一次過河時，由一隻極具魄力、擁有領導能力的牛羚率先踏入河水，毫不猶豫地帶領著數量龐大的牛羚大軍，完成了對牠們生命至關重要的遷徙。這是我們抵達馬賽馬拉的第一天，也是我們第一次親眼見證如此壯觀的場面。當司機嚮導興奮地對我們說：「You are so lucky!」時，我們還不以為意，沒想到後來才發現，這樣的場景並不是隨時都能見到的。因為擁有領導力的牛羚極為罕見，大多數牛羚往往會在河邊徘徊，遲遲不敢踏出第一步。即使來到河畔，也可能因為種種因素猶豫不決，像是天色漸暗、河馬群聚集，或是尼羅鱷的出現，都可能影響牠們是否選擇過河。我們甚至曾經等待整整一天，最終卻無功而返。

第二次過河發生在某天清晨，當我們剛從飯店出發，司機嚮導便接收到無線電通訊，得知某個地點正上演牛羚過河的場景。我們立刻加快速度趕往現場，果然正好趕上了遷徙的精采瞬間！滾滾黃沙漫天飛舞，彷彿千軍萬馬奔騰的古戰場，氣勢磅礡的牛羚大軍奮力前行，從肯亞跨越至坦尚尼亞，那一幕讓人熱血沸騰，甚至感動得熱淚盈眶。然而，這次的過河並非一帆風順。一隻潛伏在水中的鱷魚精準地鎖定了一頭疏於防備的牛羚，一口咬住，將牠拖入水中。這隻牛羚拼命掙扎，數次試圖爬回岸上，卻被鱷魚的強大咬合力死死扣住。鱷魚的獵殺方式是先

牛羚群第一次過河。

將獵物拖入水中溺死，再慢慢享用，而這頭牛羚即使知道生還機率渺茫，依然奮力一搏，寧願死在岸上也不願成為鱷魚的盤中飧。最終，另一隻鱷魚從對岸游來，直接咬住牛羚的頭部，這場生死角力才正式落幕。目睹這場激烈的獵殺，讓人深刻體會到大自然的殘酷與生命的頑強。

第三次過河則是最為浩大的場面，不僅有牛羚，還有斑馬與羚羊——這三種動物並稱為「大遷徙的靈魂三寶」，難得能在同一場景中同時出現。這次的等待時間也最為漫長，從清晨守候到下午，整整五、六個小時。我們的獵遊車必須精準預判過河的方向，同時保持適當距離，以免

第二次過河及牛羚大軍揚起的滾滾沙塵。

干擾牛羚群的決策。而這次遷徙之所以特別吸引人，是因為斑馬的加入。斑馬是非常聰明且警覺性極高的動物，牠們經常影響牛羚的行動判斷。如果斑馬決定撤退，牛羚大軍也往往會跟著離開。前幾天的某次無功而返，就是因為斑馬忽然掉頭離開，導致整群牛羚隨之撤退。然而，這次的情況不同，經過漫長的等待，領頭的斑馬終於踏出第一步，正式開啟了這場盛大的遷徙。

當牛羚、斑馬、羚羊紛紛勇敢地衝入河中，所有人都激動地歡呼，快門聲此起彼落，相機、手機、望遠鏡，全都對準這壯麗的一刻。而與前幾次不同的是，

第三次便遇到遷徙三寶（斑馬、羚羊、牛羚）一同過河。

這次鱷魚們並未發動攻擊，牠們悠閒地待在河畔，彷彿剛剛飽餐過一頓，只是在陽光下慵懶地曬太陽。這讓整場過河顯得格外順利，甚至還能看到斑馬在水中悠哉地喝水。

看著這些動物們成功抵達對岸，我的內心充滿感動，彷彿能感受到牠們為了生存而奮鬥的堅毅精神。身為全程見證者，我忍不住為牠們鼓掌，並興奮地檢查相機裡捕捉到的精彩畫面。同時，也再次感謝我們經驗豐富的司機嚮導，完美地選擇了最佳觀賞角度，讓我們得以親眼見證這場大自然的壯闊奇景。這趟旅程，無疑是此生難忘的回憶。

從天空擁抱大草原

如果問我在肯亞最想做的事，或是旅途中最期待完成的清單項目是什麼？我可以很肯定地告訴你——就是搭乘熱氣球。雖然這是自費行程，但既然都千里迢迢來到非洲了，怎麼能不親身體驗在大草原上飛行的感受呢？

提到熱氣球，最有名的莫過於土耳其。不過，在土耳其要成功搭上熱氣球，除了需要老天爺賞臉，還得通過政府嚴格的控管，一點不可控因素都可能導致取消。我曾經報名過，但因為風向不佳，最後沒能成行，成為旅途中的一點小遺憾。

然而，我在肯亞十分幸運，不僅成功搭上熱氣球，還見證了一場完美的日出。從上帝視角俯瞰成群結隊的牛羚、警覺的斑馬、一早便出發的獵遊車，還有那條蜿蜒曲折、綿延廣闊的馬拉河——這片大草原的靈魂。我們的飛行員來自土耳其，一路上細心介紹沿途景色，並帶領我們尋找動物蹤跡。

這趟飛行長達四、五十分鐘，我感受到大草原的靜謐與非洲特有的浪漫氛圍，彷彿視野也隨之變得遼闊，連日常工作帶來的壓力都悄然釋放。降落後，每位乘客都獲得一張飛行證書作為紀念，也可以選擇購買在熱氣球上拍攝的照片與影片，以五十美金帶走這段難忘回憶，畢竟回憶是無價的，而每一次的旅程都是獨一無二，沒人能保證下一次還能見到相同的景色。

最後，以一頓豐盛的早餐和香檳來慶祝這場飛行，滿滿的儀式感，讓這份屬於非洲的浪漫至今仍深深烙印在我的記憶裡。

上：熱氣球上的上帝視角。
下：屬於肯亞的浪漫——在熱氣球上看日出。

從鏡頭看見自己

參加攝影團的每個人都有自己偏好的拍攝題材，無論是人物、動物還是風景。然而，我平時很少拿相機拍照，大多靠手機打天下，拍拍照、剪剪短片而已。這次和本身是攝影愛好者的媽媽一起來肯亞旅行，跟著她一起拿起「大砲」（長焦鏡頭）拍攝，意外發現自己對野生動物攝影有著濃厚的興趣。雖然對專業鏡頭的操作還不熟悉，但在老師的構圖指導與分享下，竟然也拍出了不少自己喜愛的作品。這次文章裡的所有照片，全都是我親自拍攝、未假他人之手。每當重新整理這些照片時，都有種身臨其境的感覺，內心滿滿成就感。懷抱著這些對我而言價值連城的記憶碎片，彷彿又親歷了一次肯亞大遷徙。

這趟旅程中，對我來說最具挑戰性的，大概就是英文了。英文一直是我的短板，閱讀和聽力勉強能理解百分之七十左右，但口說和寫作卻是另一回事。例如想和我們超厲害的嚮導兼司機查爾斯好好聊天，或者在飯店遇到工作人員對我說「How are you?」時，我的腦海裡竟然只閃過「Fine. Thank you. And you?」這種從小被填鴨式英文教育灌輸的標準回應，忍不住想笑自己，最後還是簡單回答了「Good!」，雖然大部分時候能理解別人想表達的意思，但當輪到自己回應時，卻無法流暢地組織完整句子，只能用片段的英文盡量讓對方聽懂，這時候真的會覺得「書到用時方恨少」（恨啊！）。不過，這或許也是旅行的魅力之一，來自不同國家的人，總會用各種方式溝通，無論是肢體語言，還是努力學習對方的語言，只為了更好地交流。在各個國家公園的飯店裡，員工們早上見到遊客時，會親切地說「Jambo」（史瓦希利語的「你好」），甚至還會用中文說「你好」；當我對他們說「Thank you.」時，他們竟然能回一句「不客氣」，這些小小的細節，總讓人受寵若驚。回國後，我也開始抓緊時間多看英文生活短片，能學多少是多少了！

經過疫情的洗禮，才深刻體會到，出國旅遊本來是一件說走就走的事，卻因封鎖的國門，突然變得遙不可及。早就聽聞動物大遷徙是「看一次、少一次」，加上全球暖化、氣候變遷，以及多年未更新的資訊，讓人總覺得要跟團旅遊才比較放心。這次能夠參加傑瑞大叔的攝影旅遊團，真的很幸運。傑瑞大叔認真負責，想讓每位團員都不虛此行；領隊蘇蘇辛苦處理各種突發狀況；Momo姐無論線上線下，都忙著幫大家代購、代買，還記錄我們的旅程點滴；司機嚮導查爾斯、木香提先生、John，每一位的專業與熱情，都讓這趟肯亞之行更加完美、難忘。

在當地，經常聽到人們說「Hakuna Matata」。在史瓦希利語中，「Hakuna」的意思是「沒有」，「Matata」是「麻煩」的複數形式，直譯就是「沒有麻煩、沒

我們最厲害的嚮導司機查爾斯。

在馬賽馬拉草原上體驗野餐的我們。

有煩惱」。引申來說，這句話的意思是「別去擔心那些你無法掌控的事情」，順其自然、享受當下才是最重要的，畢竟，誰也無法預測明天會發生什麼事。用盡全力過好每一天，也許就是他們對「美好生活」最簡單卻最深刻的詮釋吧。

Shan 的夢想清單

在肯亞邊境 與動物共舞

蘇蘇

做一個帶團領路人已經超過了三十年，我的個性是無可救藥地愛照顧人、愛旅行、愛欣賞美景、愛美食、愛分享、愛歷史、愛建築、愛聽故事也愛說故事，讓我一踏進這個行業就從來不曾想過離開，如果說我的團員都是追夢的人，那麼我願意一直當個守護著大家完成夢想的配速員。

我重新找回了對自己工作的認同，
回想起當初踏入這個行業的初衷，調整步伐，
繼續張開雙手，擁抱更多的緣分。

Karibu 歡迎您！

許多朋友一聽到我要去肯亞，馬上就問：「那裡一定很熱吧？」

還有人說：「那裡應該很髒吧？很危險？很落後？」

甚至有人直接問：「是不是很容易拉肚子？」

這樣一個陌生的地方，真的適合我去嗎？

整理一下大家的疑問，希望您看完後，也能勇敢地去追尋您的非洲夢。

從顛簸路途到獵遊快感

如果您已經對亞洲的大都市感到擁擠厭倦，對歐洲的教堂沒有興趣，對水泥叢林心生反感，更在北半球的舒適生活中度過太久，那麼也許是時候去肯亞走一遭了。那裡有廣闊的大地、原始的風光，以及您平常在動物園中看到會無比興奮的動物！

那裡坐什麼交通工具？公路的狀況如何？

在肯亞觀光行程中，最重要的就是搭乘可以全開車頂、四輪傳動的吉普車來獵遊。在保護瀕危物種概念興起之前，很多來肯亞的遊客都是拿真槍實彈來獵殺動物，滿足人類的

乘坐獵遊車出發囉！

原始獸慾。如今，獵遊變成了用大砲級的鏡頭和我們的雙眼去見證這些自然界的巧妙傑作。

除了抵達和離開肯亞會經由首都奈洛比外，其他時間我們都待在幾個主要的國家公園裡。

高速公路和主要幹道連接著國家公園，一進入國家公園，迎接我們的是碎石路。沒有明顯的「路」，還有不少因雨季留下的大窟窿。更有高低起伏的礫石河灘，這些地方只有四輪傳動的吉普車才能駕馭。目的地在哪裡？全憑經驗豐富的司機們的指引。

從奈洛比到馬賽馬拉國家保護區，為了觀察「動物大遷徙」，五小時的車程中，至少有兩小時是在顛簸的路上。說實話，只要您脊椎健康、椎間盤沒大問題，誰都能適應。不過我建議您，為了增加行車舒適度，最好帶上靠枕或是鬆軟的椅墊！

而現在肯亞全國實施禁用塑膠袋。入境指南上明確寫著，不允許攜帶塑膠袋進入肯亞，這一點讓我們頗為驚訝。怎麼可能行李箱裡沒有塑膠袋來整理衣物呢？結果，大家都緊張地發問，但入境時海關也沒有人檢查。

這項減塑行動表明了肯亞政府在減少垃圾方面的努力。再加上我們的行程大部分時間都在人口集中的大都市，基本上沒有停留太久，也幾乎沒看到髒亂的情況。

我們的車窗一直都是全開的，為了隨時拍攝美麗的風光和動物。在泥土碎石路上奔馳時，車子必然會揚起不少粉塵。司機們多穿卡其色衣褲，這不僅增添了獵遊的氣氛，也最不顯髒。

這神奇的「肯亞蜜粉」讓我們的頭髮和臉部經常需要用溼紙巾擦拭，結果挺驚訝居然這麼厚重。但這些土石粉塵，比起工業城市的汙染和交通廢氣，算是可以接受的！

如果您真的很在意，建議您攜帶頭巾、圍脖、口罩，還有無酒精溼紙巾，讓您一路乾爽。

讓我先告訴大家，在馬賽馬拉國家保護區裡，我們在追拍動物時是無法隨便下車的！

如果尿意來襲，只能請司機在黃土沙地上狂奔回飯店，或是到國家公園管理中心解決。

因此，在獵遊前最好少喝水，因為可能得等上兩、三個小時才能找到廁所。這點可要有心理準備！

至於廁所是否乾淨？說實話，這一年來我上過的最乾淨的廁所之一，就是肯亞的廁所。

肯亞是小費制國家，每個廁所都有乾淨的衛生紙，許多地方還有清潔人員提供擦手紙，甚至會用您的語言跟您打招呼！所以，您完全不用擔心。

靜靜佇立於草原上的戶外廁所。

肯亞飲食與住宿大揭祕

許多朋友擔心去非洲吃的食物會不習慣，想知道要帶多少零食和泡麵。

我的答案是，您完全不用擔心。

肯亞的氣候讓那裡出產許多瓜果和蔬菜；大地養殖的肉類種類也很多；再加上移民史豐富，肯亞的飲食文化相當多元。

最重要的是，肯亞的食物鹹度跟我們差不多，不會讓人覺得太鹹。

此外，由於英國殖民時期引入許多印度人來參與基礎設施建設，印度料理也深深影響了肯亞的飲食文化。印度菜在肯亞非常普及，像是豆子泥湯、各式咖哩和烤

肯亞的食物意外地很合臺灣人的胃呢！

餅、烤雞等，都受到當地人喜愛。

我們在馬賽馬拉同一個飯店住了五天，三餐都是同一間餐廳的自助餐，幾乎沒有人抱怨過！

除了看動物，還有什麼讓人難忘的體驗？

在肯亞，另一項讓人興奮的活動是清晨搭上熱氣球，看看太陽像一顆飽滿的蛋黃，從粉紅色、橘色、黃色的光暈中緩緩升起。休息了一夜的牛羚也開始一群群地有序移動，尋找青草，而獅子則保持警覺，隨時準備狩獵。

六百美元的費用不算便宜，但在馬賽馬拉這片動物密集的大草原上，這樣的美景是無可比擬的。

這裡的熱氣球升降方式與土耳其和埃及有所不同，搭乘的籃子可以舒適地躺著降落。

降落後，草原上的早餐也隨之登場，香檳杯在晨光中顯得特別華貴，烤麵包、煎蛋一應俱全！

草原的景觀廁所也無敵乾淨，洗手台備品齊全，讓人驚嘆。

肯亞的天氣是不是很熱？

的確，中午時分，豔陽高照，但位於東非大裂谷的肯亞，特別是在馬賽馬拉國家保護區，海拔約一千公尺，終年均溫約二十五・八度。

5Y-QJR

獨一無二的熱氣球體驗。

這樣的氣候讓人感覺涼爽宜人，即便是最熱的時候，也不會超過攝氏二十八度！

但中午的豔陽還是能感受到它的威力。

我建議您帶上秋季的衣物、防曬油、太陽眼鏡，還有早晨出發時需要的羽絨服！

啊！行程寫著住營區帳篷？

沒錯！在保護區內，住宿有兩種方式：帳篷營地和旅館。

以飛行中的熱氣球為背景，在大草原上享用一頓浪漫早餐。

飯店裡的盥洗設備一應具全。

帳篷營地雖然看似帳篷，但裡面卻是豪華的飯店房間！

這次我們住的馬拉營飯店，就緊鄰河邊，是觀察可愛河馬的好地方！

每個帳篷都很大，配有雙人床、桌子、沙發、衣櫃和乾溼分離的浴室，當然也有沖水馬桶、吹風機，但沒有電話或電視。

大廳有提供 WiFi，還有游泳池和 SPA 按摩。

三餐是豐富的自助餐，晚餐時，還會送來暖和的熱水袋，讓我們的腳在棉被裡能感受到溫暖。

攝影與人生的學習之旅

認識傑瑞大叔大約在十年前，那時我已經在這個行業待了二十多年。繁忙且重複的工作讓我感到些許倦怠，直到公司問我是否能帶一團攝影團。於是，我與傑瑞大叔的合作，便從那年的日本冬季旅遊盛事「白川鄉點燈活動」開始。

我還記得第一次在金澤車站見到大叔的情景。他綁著標誌性的頭巾，背著沉重的攝影器材，臉上帶著靦腆的笑容。雖然大家都親切地稱他為「大叔」，但其實年紀上我反倒是比較像個大嬸。細讀他的作品，我被他多樣且細膩的攝影風格深深吸引。時而，他像是一位對大自然充滿敬意的詩人；時而，他像是一位禪學大師，講述每個四季難得一見的瞬間。更多時候，他謙遜地用鏡頭記錄下四季的燦爛與無常，還有那些工匠職人及即將失傳的傳統產業工作者，每一張照片背後都有無盡的故事。

我被他認真的教學態度深深感動，總是鉅細靡遺地解釋每個觀察的細節，並指導如何調整拍攝參數。就這樣，我從一個領隊變成了他的粉絲。

之後，我與他合作了只見線鐵道攝影，拜訪了知名攝影師，拍過富士山的各種景象——紅富士、逆富士、櫻花與富士山的合影；我們還拍攝了日本各地的花見，甚至在深山老林裡追逐秋天的楓紅。無數次，我也隨他一起前往白川鄉，拍攝這個世界文化遺產的冬季點燈活動。我們甚至跨出日本，前往冰島拍攝瀑布與冰河湖，並在零下十度的深夜，一起驚呼著欣賞天際跳動的極光。

我最佩服的是他對美景的執著，對攝影的熱情不分時間與場所。無論是上山還是下海，只要有美景，無論是黎明還是夜晚，他總是精力充沛，親力親為地指導我們。而他的賢內助Momo姐，也發揮了溫柔體貼的一面，除了照顧攝影工作，還很注重行程中的餐食多樣性與交通舒適度，使得學習與休閒完美結合。

也許有人會說，跟著我們旅行總是那麼幸運，總能捕捉到最美的景象。但其實，運氣固然重要，但運氣背後是多年的經驗與資訊積累，是每一次仔細的準備與計算。我曾開玩笑對大叔說，雖然我也曾參訪他去過的地方，但真正享受當地四季的美景，是通過他那銳利的攝影眼和精準的計算，精確地在最美的季節，前往最適合的地方。

然而，作為攝影團的領隊，工作時間非常長，面對的挑戰也不少。時刻要關注天氣變化，根據老師的指導調整光影的時間，還得爭取時間拍攝鐵道火車。有時候，為了讓學員們能夠有更多時間、更多角度來拍攝，還得和當地司機打好關係。有些時候，我們甚至得在普通觀光客覺得「已經到了，不需要多待」的地方，忍受刺骨的寒風。

但正是這些合作，讓我從帶領旅客旅遊，到在服務的過程中自己也學習、充電。我重新找回了對自己工作的認同，回想起當初踏入這個行業的初衷，調整步伐，繼續張開雙手，擁抱更多的緣分。感謝傑瑞大叔和Momo姐的信任與支持，讓我有了更多的機會與大叔一起合作，為更多熱愛攝影的學員們服務。

很榮幸能與傑瑞大叔及 Momo 姐合作！

蘇蘇的夢想清單

名詞對照表

譯名	外文
《國家地理》	*National Geographic*, 1888-
《侏羅紀公園》	*Jurassic Park*, 1993
《沙丘》	*Dune*, 2021
ㄅ	
白川鄉	白川郷 / しらかわ ごう
班圖	Bantu
冰島	Iceland
不結盟運動	Non-Aligned Movement, NAM
ㄇ	
馬拉河	Mara River
馬拉營飯店	Ashnil Mara Camp
馬賽馬拉	Maasai Mara
馬賽馬拉國家保護區	Maasai Mara National Reserve
馬賽村	Maasai Village
馬蠅	horse bot fly
蜜獾	honey badger
棉堡／棉花保	Pamukkale
ㄈ	
非洲聯盟	African Union
富士山	富士山 / ふじさん
ㄉ	
瞪羚	gazelle
杜哈／多哈	Doha
東非	East Africa
東非大裂谷	Great Rift Valley
ㄊ	
坦尚尼亞	Tanzania
禿鸛	marabou stork
禿鷹／禿鷲	cinereous vulture
土耳其	Turkey

譯名	外文
ㄋ	
納庫魯湖國家公園	Lake Nakuru National Park
奈洛比	Nairobi
奈洛比國家公園	Nairobi National Park
奈洛比機場	Nairobi International Airport
奈瓦夏湖	Lake Naivasha
奈瓦沙索帕湖山林小屋	Lake Naivasha Sopa Lodge
南非	South Africa
南島	South Island
南蘇丹	South Sudan
尼羅	Nilo
尼羅鱷	Nile crocodile
牛羚／黑尾牛羚	wildebeest
紐西蘭	New Zealand
瘧疾	malaria
ㄌ	
獵豹	Cheetah
聯合國環境署／聯合國環境規劃署	United Nations Environment Programme, UNEP / UN Environment
聯合國人居署	United Nations Human Settlements Programme, UN-HABITAT
鸕鶿	great cormorant
路克索	Luxor
ㄎ	
卡帕多奇亞	Cappadocia
卡達航空	Qatar Airways Company Q.C.S.C.
肯亞	Kenya
肯亞男孩合唱團	Kenyan Boys Choir
庫希特	Cushitic

譯名	外文
ㄏ	
花豹	Leopard
火烈鳥	flamingo
灰背伯勞	grey-backed shrike
灰背胡狼	black-backed jackal
黃熱病	yellow fever
ㄐ	
金澤車站	金沢駅 / かなざわえき〔かなざはえき〕
ㄑ	
七十七國集團	Group of 77
ㄒ	
新月島	Newmoon Island
旋角羚羊	addax
ㄓ	
侏儒河馬／倭河馬	pygmy hippopotamus
ㄔ	
長尾黑顎猴	vervet monkey
ㄕ	
史瓦希利語	Swahili language / *Kiswahili*
蛇鷲	secretarybird
水羚	waterbuck
ㄖ	
肉食動物餐廳／百獸宴餐廳	The Carnivore Restaurant
ㄗ	
棕鬣狗	brown hyena
ㄘ	
采采蠅／嗤嗤蠅	tsetse fly
蒼鷺	grey heron

譯名	外文
ㄙ	
薩羅瓦獅子山野生山林小屋	Sarova Lion Hill Game Lodge
塞羅勒那	Seronera
塞倫蓋提	Serengeti
塞倫蓋提國家公園	Serengeti National Park
索馬利亞	Somalia
ㄧ	
衣索比亞	Ethiopia
疣豬	common warthog
燕尾佛法僧（中國譯名：紫胸佛法僧）	lilac-breasted roller
印度洋	Indian Ocean
ㄨ	
烏干達	Uganda
ㄩ	
魚鷹	osprey
ㄚ	
阿杜姆舞	Adumu
ㄞ	
埃及	Egypt
埃及雁	Egyptian goose
艾爾曼泰塔湖	Lake Elmenteita
ㄠ	
凹嘴鸛	saddle billed stork
ㄣ	
恩戈羅恩戈羅保護區	Ngorongoro Conservation Area

我的夢想清單08　PE0231

追夢到肯亞

傑瑞大叔 美學攝影 鏡頭漫遊 逐光狩影

作　　者　傑瑞大叔、Momo 姐、李敦錦、廖美珍、Lienqi H、Neo Yeh、Shan、蘇蘇
責任編輯　劉芮瑜
圖文排版　陳彥妏
封面設計　嚴若綾

主題策劃　元本旅行社
出版發行　釀出版（秀威資訊科技股份有限公司）
114 台北市內湖區瑞光路76巷65號1樓
電話：+886-2-2796-3638　傳真：+886-2-2796-1377
服務信箱：service@showwe.com.tw
http://www.showwe.com.tw
郵政劃撥　19563868　戶名：秀威資訊科技股份有限公司
展售門市　國家書店【松江門市】
104 台北市中山區松江路209號1樓
電話：+886-2-2518-0207　傳真：+886-2-2518-0778
網路訂購　秀威網路書店：https://store.showwe.tw
國家網路書店：https://www.govbooks.com.tw
法律顧問　毛國樑　律師
總 經 銷　聯合發行股份有限公司
231新北市新店區寶橋路235巷6弄6號4F
電話：+886-2-2917-8022　傳真：+886-2-2915-6275

出版日期　2025年4月　BOD一版
定　　價　500元

讀者回函卡

Printed in Taiwan

國家圖書館出版品預行編目

追夢到肯亞：傑瑞大叔 美學攝影 鏡頭漫遊 逐光狩影 / 傑瑞大叔, Momo姐, 李敦錦, 廖美珍, Lienqi H, Neo Yeh, Shan, 蘇蘇合著. -- 一版. -- 臺北市：釀出版, 2025.04

面；　公分. -- (我的夢想清單；8)

BOD版

ISBN 978-626-412-088-3(平裝)

1.CST: 遊記　2.CST: 動物攝影　3.CST: 攝影集
4.CST: 肯亞

765.69　　114003418